思想觀念的帶動者

文化現象的觀察者

本土經驗的整理者

生命故事的關懷者

Psychotherapy

探訪幽微的心靈，如同潛越曲折逶迤的河流
面對無法預期的彎道或風景，時而煙波浩渺，時而萬壑爭流
留下無數廓清、洗滌或抉擇的痕跡
只為尋獲真實自我的洞天福地

Psychotherapy
23

LE SACRIFICE
REPÈRES PSYCHANALYTIQUES
GUY ROSOLATO

犧牲──精神分析的指標

侯碩極／著　卓立、楊明敏、謝隆儀／譯　楊明敏／審閱　王浩威／策劃
財團法人華人心理治療研究發展基金會／共同出版

目次

【中文版導讀】

為了活著必須死去
（Il faut mourir pour vivre）

「當我談到神話，指的並不是寓言，不是傳說，也不是虛構。而是一個原型，它構成一位領導者、一個理想、一個代罪犧牲者，一或多個儀式犧牲者，以及一些信徒之間的關係，以便藉由共有的、主動的、和具凝聚力的信仰，來維持社會的聚合。」（213頁）

　　作者侯碩極（Guy Rosolato）在本書的結語當中，再次簡明扼要地，以文字呈現他對於西方三大一神教，以及精神分析所蘊涵的犧牲的神話。在書中則是以圖示呈現（85頁）。圖的縱軸由下而上，分別是虔誠的信眾、領導者居中，最上方則由上帝、理想化的父親、或者就是一種理想；而橫軸由左至右，則分別是代罪犧牲者、領導者居中，最右邊是儀式化的、象徵性的犧牲者。如此的分析結構，不免令人聯想起印歐文明、神話學者瞿梅濟著名的三元結構、三種職權。[1]

　　除了這骨幹在外形上的神似，作者要強調的是維持這結構的犧牲的形像。他分析的紋理在西方三大一神教，即猶太教、基督教與伊斯蘭教當中，是圍繞著《舊約聖經》〈創世紀〉第二十一與二十二章的記載而進行的（參見本書附錄二）。上帝讓亞伯拉罕老

1　有興趣的讀者可參考《中世紀英雄與奇觀》（*Héros et Merveilles du Moyen-Âge*，貓頭鷹出版社，2008）一書中簡明的譯者序。

年得子，卻又命令他將這寶貝兒子以撒作為犧牲獻祭。亞伯拉罕無法理解上帝為何如此對待他，要堅定他的信仰，他必須要犧牲理性。這段記載，在三個一神教中，有著各自不同的解釋與倚重。例如在基督教中犧牲的形像不再是以撒，而是耶穌；伊斯蘭教中則是亞伯拉罕與姜女所生的以實馬利。不同的犧牲形像所代表的是信徒對罪疚感的處理、信徒與非信徒的區隔、可否有活人的祭祀、可否有具體的神像、以及神職人員是否應該要犧牲性生活，乃至教權與政權的合一或分離等等，不一而足，書中對此有細膩的刻畫。

這些一神教中的犧牲神話，對於透過犧牲以加強內在的凝聚、調節暴力與攻擊性，是昭然若揭的；然而有一點卻是隱晦的，也就是人子的犧牲，其實是遮蓋著弒父的幻想，這點是由佛洛伊德揭露的。

佛洛伊德所創立的精神分析，也是蘊含了犧牲的神話。代表人物首先是希臘劇作家索佛克里斯筆下的伊底帕斯。弒父與亂倫的幻想與禁忌在佛洛伊德的主張下，具有了普同性，不但構成了個人內心深處的肌理，也是集體神話的基礎。伊底帕斯是人與神的爭鬥中的代罪犧牲者，他對於自己身分與命運的毫不知情，再再說明他是無辜的，但他並不因此而規避，而是以另一種方式處理罪咎感，勇敢地承擔一切，自我犧牲。「當我一無是處時，我才真正地成為一個人。」(《伊底帕斯在科羅納斯》，393)

佛洛伊德的另一則犧牲神話，則是《圖騰與禁忌》中原始部落中最原初的父親，這神話中的父親是殘暴的，擁有一切，包含所有的女性。被壓抑的兒子們按耐不住他們的欲望，終於聯合將他謀殺，隨後在畏懼與悔恨的情形下，將父親的身體分而食之，

以圖騰大餐的方式在手足間建立聯盟。最後一則精神分析的犧牲神話，呈現在《摩西，這個人與一神教》，佛洛伊德在文章中將摩西塑造為猶太教的奠基者，但他卻是埃及人，日後被猶太人殺死，一個民族的偉人其實是被崇敬他的子民所殺（參見本書附錄一），這種假設「因荒謬而值得相信」（credo quia absurdum），對立於所有傳統的文本與記載，精神分析之父是要教導我們犧牲理性嗎？

　　精神分析在此指出，殺死父親與兒子被作為犧牲，其實是一種逆轉的過程。一神教以種種機制掩蓋了弒父的同時，對於神、父理想化的傾向就愈強，緊接而來地，要摧毀這理想的欲望也愈高漲，這又引發了潛抑的力量，弒父是幻想還是行動，是意圖還是真實，似乎已不再重要，因為無意識的罪咎感已源源不絕地啟動了。

　　值得強調的是，犧牲的功能不是僅見於宗教儀式，犧牲的神話在個人或群體的無意識中，占據一種理想的位置，往往取代了宗教的信仰。本書作者引用另一位法國分析師貝傑黑《根本的暴力》中的理論，來說明這點，這暴力與性特質無關，而是用來保持生命的恆久。為了團體的穩固，就要有代罪羔羊的犧牲；為了要超越理想的父親，就要有勇氣面對死亡的父親；為了要活著，就必須死去。

　　簡言之，不僅透過神話、幻想，也經由犧牲行為，得見個人和社會要給予死亡、分離、生命的有限性一個意義。在意義尚未形成之際，我們可通稱為「未知的關係」，犧牲可以以相當矛盾的方式，具體地呈現出意義，以及讓人們的理想得以在未來延續或開展。

在本書的最後一章，作者強調，在「後一神教」、「後佛洛伊德」的今日，犧牲仍然有著當代神話的面貌。被理想化的領導者與代罪羔羊的反覆出現，可以在暴力組織的恐怖活動、大規模的種族屠殺以及臨床中以負向的治療反應的方式呈現。後者的情況是當事者以犧牲的方式，將治療的失敗作為目標，在無意識的無法排遣的罪咎感的驅策下，以自己作為代罪羔羊。

作者在法國的精神分析界，自成一家之言，加上坊間尚無作者其他相關著作的介紹，為了讓讀者能更加理解作者運用精神分析的巧思，[2]在這簡介的結尾，也許是畫蛇添足，再添上幾個專有名詞的說明，請讀者包容。

1. 以理想為引導的軸向（l'axe idéaloducte）

可視為一種移情，分析師與被分析者所共享的理想與理念，也是某些社會群體所推崇的。出現在分析中的危險是導致認同，從而構成對移情進行詮釋時的障礙。分析師搖身成為大師，被分析者成為盲目的跟隨者。詳見作者的另一本書《精神分析的五個軸向》（ *Les cinq axes de la psychanalyse*, PUF, 1999 ）

2. 展望的客體對象（l'objet de perspective）

這種客體的出現，首重主體的視覺。在客體對象不存在的情形下，必須有這種客體的誕生，作為主體欲望的原因，也同時是欲望的對象。最明確的例子是佛洛伊德對戀物的解釋，它的產生是嬰兒在視野中沒有瞧見照顧他的女性的陰莖，而採用拒斥（dénégation）的心裡機轉，他不相信他眼見的，從而自我分裂，

2　　與本書主旨無關，但有許多相通的精神分析概念運用，可參考《當影子成形時》（記憶工程，2007）一書。

一方面承認現實中無法見到，但另一方面卻用各種防禦性的反應，例如戀物的形成；或者成為畏懼的對象，這對象的產生與其說是畏懼症患者力圖迴避的，還不如說是他積極找尋的。因為當事者極力在視野內控制焦慮或畏懼，若能將這難以名之（明知）的情感，固定於一個客體之上，這客體此時便是具有了展望客體的性質，使得主體的「未知的關係」變得是可見的、具形像的。

3. 未知的關係（la relation d'inconnu）

　　指的是比客體關係更早的狀態，如同上述，作者非常強調父親在主體無意識中的重要性，但起源是來自主體完全無助（Hilflosigkeit），而與母親不可分割，但又注定要分離的命運，是主體與自己的身體乃至母體的關係。這未知在佛洛伊德的筆下（參閱《夢的解析》一書）是無意識的一種性質，但本書作者賦予這未知一種理論地位，是一種內化的未知，包括了性別差異、世代差異、死亡、瘋狂等等。這些未知的領域，又可分為可被察知與不可被察知的未知，這分野決定了我們對知識的追求，也影響我們相信或懷疑事物，也決定了我們面對生命與死亡的態度。

4. 劃界的符徵（le signifiant de démarcation）

　　作者認為，語言整體上可對比於數位式（le digital）的系統，由獨立、區隔的更細微單位所構成，但人們溝通時，可以藉由節奏、強弱、情感等位居語言的邊陲地帶、沒有說出的成分，來潤飾或補足，這部分稱為類比的（l'analogique）。類比的系統如何不經由語言中的符徵而傳達意義呢？例如觀畫或者虛擬世界的遊戲，作者主張這類比系統的構成單位，稱為劃界的符徵，不但與語言的、數位的符徵劃界，也與被指涉的對象（le référent）劃

界。據此可區分影像、字詞、事物。

最後，此書中文版能問世要謝謝原作者侯碩極先生的幫忙，卓立女士的耐心，謝隆儀小姐的協助以及佳慧的投入，也藉此機會紀念我的指導者Jean-Claude Arfouilloux。

楊明敏

2008 年八月

中文版編譯事項說明

1. 《犧牲：精神分析的指標》（ *Le sacrifice. Repères psychanalytiques* ）
   最早於1987年由法國大學出版社（Presses Universitaires de
   France, 簡稱PUF）發行。中文版翻譯依據的，則是2002年增添
   了作者後記的版次。

2. 本書於內頁左外側（雙數頁）及右外側（單數頁）附上原文書之
   頁碼，以求更具實用及參考價值。

3. 在翻譯部分，分別由卓立女士（前言、第一～三章）、楊明敏醫
   師（第四章）及謝隆儀女士（第五章、後記）三人進行翻譯，再
   由楊明敏醫師負責全書審閱、修校以及專有名詞統整等工作。

4. 關於註釋的編排，原書以章為單位，在每頁下方以1. 2. 3. ⋯⋯依
   序編排。本書註釋也比照原順序編排於每頁下方。對於書中所出
   現，中文讀者可能不熟悉的人名、事物及典故，另有譯者卓立女
   士與楊明敏醫師所補充的中譯註，為避免與原書註釋相混淆，編
   號方式則採原文頁碼後加英文字母，如22-a、22-b、48-a，亦為
   隨頁註的形式。希望這樣的作法，可以更方便讀者對照和參考。

5. 中文版於附錄部分，除收錄《舊約》〈創世紀〉中關於亞伯拉罕
   獻祭以撒的詳細始末經文之外，另節錄了楊明敏醫師於《中外文
   學》發表的〈難以書寫的最後一本小說〉一文，說明佛洛伊德筆
   下的摩西，與傳統詮釋下的摩西兩者不同之處，以幫助讀者釐清
   書中的相關論點。

前　言

　　精神分析師對犧牲非常感興趣，因為犧牲這個活動在個人心 7
理與社會種種結構之間搭了一座橋。每一種宗教裡所明確規定的
祭祀儀式，都是出於人的欲望及衝突，它們使人類行為得以昇
華，亦即使人之原始性欲的滿足得以社會化。犧牲利用並且控制
罪咎感，藉此達到主體的固著（fixation）與自我反省，還透過剝
奪的方式來疏導性驅力（pulsions）、在理智上建立信仰來限制和捨
棄性衝動，並且藉由自願且積極地服從死亡，以達成受虐。此
外，犧牲還利用人的病態傾向，達成有治療效果的渲洩，這些病
態傾向主要包括個體或團體的歇斯底里、強迫症及妄想症。

　　特別要說明的是，犧牲的神話使想顛覆政權及反抗當權者的
欲望更被潛抑，因此對政權與當權者產生保護作用。這並不意謂
如某些論者所以為的，暴力從此就消失了，即使暴力的念頭在犧
牲獻祭過程中被消除了。如果說犧牲的目的是要使某團體的內部
得以團結和平，歷史卻證明，人們不僅深思熟慮地對他們信仰之
外的人施加暴力，同一信仰團體的內部衝突也出現暴力行為。但
是，人們不把這樣的暴力表現看作強者對弱者的惡行，反而把它
視為某種善行，是虔誠信徒們必須付出的代價。 8

　　讀者將會看到，本書對犧牲所作的研究，從佛洛伊德的理論
出發，集中在一神教的基礎神話上，主要理由是這些神話至今還
活躍在我們的生活當中。它們是西方歷史與文明的中心，曾經打
造了西方的歷史與文明；這些神話至今仍不斷地湧現影響西方世

界；或者是當人們必須面對死亡這個重大問題，而不得不將欲望
與幻想（fantasmes）調和時，犧牲的行為便再度出現，因而繼續
影響著西方世界。

上文所提到的神話究竟是指什麼呢？它們事實上是三種信奉
獨一神的宗教之基礎，即猶太教、基督教與伊斯蘭教（回教）。犧
牲的神話甚至是一切宗教的起源，除非信仰與信仰體系完全變
質，否則犧牲神話不可能消失。這樣的神話還有聯合團體與結盟
的社會功能；幾個世紀以來，集體記憶的傳遞過程與西方思想的
發展、進步及危機演變中，就顯出這些神話的經常性與永久性。

這類神話中的犧牲舉動只牽涉把一個活人獻上作為犧牲，更
確切地說，把兒子當作活祭獻上。因此顯出該犧牲無可比擬的重
要性，也因此揭露真正的問題所在。

即使殺人事件沒有真的發生，或是該犧牲舉動「伴隨著」復
活，然而在意圖上、時效上及在預想的衝突裡，不論動手殺人的
是誰，總是由父親或是神提出獻祭的要求，或親自完成獻祭儀
式。這種結構核心很明顯是犧牲神話，因為圍繞著它，出現各種
宗教所產生的種種形象和不同的變形，其他非犧牲的神話甚至也
附著在它上面。在我們感興趣的宗教體系當中，犧牲神話占有極
大的重要性，因為這個神話為生死所觸及的最根本問題提供了一
個解答，特別是對死亡所包含的、無法被化約的未知作出回應：
或者除去死亡問題，或者深思熟慮死亡。犧牲神話因此可以作為
其他神話的核心神話。

9　　　　我的切入點當然是佛洛伊德式的，本書中參考的精神分析指
標主要是佛洛伊德（以及萊克〔Reik〕）[9-a]以犧牲神話為基礎所提
出的弒父情結。神話故事裡與虔誠信徒的良知裡，這個弒父情結

都不是清晰可見的。但是，佛氏從臨床經驗、幻想的整理分析以及神話本身所含的邏輯當中，歸納出兩點觀察所得：首先，一神論的神是全能父親的理想化身；其次，以兒子為祭獻上，其實是以他代替父親而死，這替代之舉的主要功能是轉移一種毀滅的欲望，即希望「理想化替身」與「最高權威」滅亡的欲望。獻子為祭物因此成了父親為了教訓而施的威脅，最終因獻祭被擱置（或因復活）而演變成父親的寬大。為什麼父親要做出如此嚴厲的威脅呢？乃是對犯了重大錯誤的罪過加以懲戒——亞當所犯下的原罪，這原罪的存在只在神面前才成立，而且那罪咎感使人**首次產生希望父親死亡的欲望**。是故，知識樹成了善與惡的軸心，因為它使人得以達到最大的狡慧，也就是試圖弒殺最高權威（神自己）的狡慧。人吃了知識樹上分辨善惡的果子之後，便能意識到神的權威，而且只要人走過以理想化父親與死去的父親為中心的各個階段，他在意識上，就道德而言，和就他本身而言，也能了解死亡。

　　在這方面，精神分析所要做的，乃是探討弒父與弒子之間的心理層面關係，但不忽略這兩者之間的互相性與倒轉作用：愈是將對方理想化，毀滅對方的欲望就愈強烈，雖然毀滅的欲望以及與之相關的罪咎感與犯罪經常被潛抑。

　　研究犧牲神話的優點，尤其是一神教中理想化身的神話，就在於它凸顯出弒父情結，把它從各種掩飾它的獻祭儀式中清理出來。

　　必須從這層意義上來理解本書中的〈佛洛伊德的犧牲神話〉，　10

9-a　中譯註：萊克（Theodor Reik, 1888-1969），奧地利分析師，著有《以第三隻耳聆聽》等書。

這章闡明殺死父親的欲望是犧牲神話的中心，並提供了一種解讀進程：這個欲望曾經有可能間接發生在既為領袖又為「人民之子」的摩西身上。

但是，有關摩西這個集體投射而成的神話，其中的謀殺起源是無法查證的，該起源卻由經書「揭露」，以作為構成猶太人宗教的一個故事。它來自一種非神話的心理事實，正如佛氏所指出的那種心理事實，即人們對父親所持的幼稚的破壞欲望，成人之後則變成反對社會中所有的當權者。這個神話就建構在這些反抗的欲望上，建構在被潛抑的幻想上，同時也為它們找到一個渲洩出口，避免將反抗付諸行動，或者把反抗轉移到別處。如此的移位作用，如此的轉化，仍然是該神話的組成元素。於是，歷史中從這些信仰發展出來的「代罪羔羊」之舉，從此與時俱增。

佛氏的弒父發現將是本書的理論基礎，也作為本書的論述主線。克洛德・魏傑（Claude Vigée）在其論文裡，探討猶太教教義裡亞伯拉罕（Abraham）的犧牲以及燃燒作為獻祭的羔羊，猶如焚燒神祇的確實功能，也依循這條主線來鋪陳他的觀察與論點。[1] 佛氏正是在亞伯拉罕獻其子以撒（Issac）這點上，看見作為代罪犧牲者的父親。

有必要在此重提伊底帕斯的各種形象，它們以「理想化父親」為中心，打造一股活力，以對抗「死的父親」。與之相關的論點，將作為本書接下來所有論述的底蘊。

我們首先注意到，為了懲罰、復仇或饒恕，而執行一項無法回復的行動，或者暫緩執行之，然後將受罰的對象理想化，這註

1　〈犧牲的客體・論自我毀滅〉（L'objet du sacrifice. Essai sur l'autodestruction），收錄於《迦南收成》（*Moission de Canaan*, Flammarion, 1967, p. 295 sq.）。

定帶來死亡。理想化的過程包括對死亡的安排，含有控制死亡的 11
能力，還能安排死亡的時間。透過關於「理想化父親」的死亡計
畫，也許會出現（主動並且主宰的）非死不可的原因。這樣的死
亡行動事實上很早就存在了，它最初是為了產生渲洩作用，因為
如果它早已發生過了，人類的無意識將通過犧牲神話，從被潛抑
的弒父欲望所感覺到的不安與罪咎感當中釋放出來。也就是說，
別人——祖先們一勞永逸地完成了這個重大罪惡（ *in illo tem-
pore* ）。罪咎感所帶來的後果，從此就與團體中為了維護祖產而代
代相傳的集體觀念緊緊相連。換句話說，過錯已經犯下了，不需
再犯，也不必再去想它，只要承認罪源並且分擔集體的罪咎感。

　　進行精神分析治療過程中，必須認真看待人們對主宰著犧牲
神話的「理想化父親」的心理反應。

　　下文將要說明犧牲神話的種種作用當中，有些是為了脫離兇
殘的、像暴君般的、善忌的「理想化父親」。這個父親形象所具有
的破壞性，則揭示了一種讓人既羨慕又害怕的無所不能，它也支
持著「帶陽具的母親」。這樣的父親形象便不同於一位公義慈愛的
父親形象，後者保護、安慰並看顧他的孩子們，一如猶太教中所
彰顯的那位慈愛的神，而且在基督教裡，這位愛的神還為世人而
死。

　　「死的父親」經由犧牲神話而成形，但在精神分析領域裡，這
個形成過程是很複雜的。它拆除理想化父親的形象、它使閹割的
幻想與死亡裡未知的事物正面相對，它考驗理想化父親是否能長
生不死，檢驗與死亡有關的想法，以便接受死亡，但又不排除理
想化的反面也被理想化。在這過程中，「死的父親」乃為軸心，
承受象徵性的（symbolique）開展，因此可以說出死亡：欲望中的

死亡，在愛、恨和追求認識愛欲當中的死亡。

　　當然，佛氏也承認（例如在他的《一種錯覺的未來》〔*L'avenir d'une illusion*〕），**即使我們應該視宗教和犧牲為虛幻**，我們也不得不承認，它們還是可以釋放那種能夠協調社會團結與組織集體欲望的愛。即使如此，宗教與犧牲面對暴力行為時所具有的無奈感，卻是顯而易見的。這點說明了，用理性來解決問題和紛爭，不見得比訴諸宗教或獻祭更沒有效果。人們即使相信其他新產生的神話中非理性的部分，也在其中窺察到某些新的錯覺；所以希望用理性解決問題，事實上仍是對生存的另一種看法。用精神分析去探索，會透徹地看出這種生存觀所帶來的結果只是一種享樂態度。

　　下文中的研究方法依然承自佛洛伊德，因為我們不能對精神分析迄今已取得的研究成果毫無認識（順道一提，這些成果已被一些神經學家盜用，儘管那些人擺出蔑視的態度，或者，更糟的是，他們因某種意識形態作祟而懷疑精神分析）。一個團體的成員與他們加入該團體的動機之間的關連，不可能簡化成只出於經濟考慮或者為了符合統計法。鑒於此，佛氏在其《集體心理學與自我的分析》（*Psychologie collective et analyse du Moi*）一書中，認為有必要探究人類心理學上意識的與無意識的底層之運作情形。人若對罪咎感沒有認識，對各種認同類型（自戀的認同，尤其是認同侵害者）、受虐狂與防衛系統都沒有起碼的認識，等於缺乏了解它們運作情形時必須具備的開放態度，而這是不能以個人所學不同或者個人興趣差異來搪塞的。

　　今日的犧牲神話吸納了各種形象，它們肯定非常吸引人。

　　我之所以把研究對象設定在三個一神論宗教之間的比較上，

除了上述已說過的理由之外，也因為西方所有的分析治療都是直接或間接地施加於這三個宗教所流傳下來的子嗣。所以，本書將不會引用歐西里斯（Osiris）、狄奧尼索斯（Dionysos）或奧菲斯（Orphée）神話，這些神話人物雖然曾經被置於死地，但其崇拜儀式已經不存在了。

本書將先分析犧牲的起源：對人們而言，**破壞**具有無限的可　13　能性與無窮的能力，尤其使用今日的毀滅方式，破壞更是難以預知又難以控制。正如貝傑黑（J. Bergeret）[13-a]在其最近的一篇論文中所說的，這是一種根本的暴力，自從第一次具有破壞性的口腔期活動起，這暴力便不惜一切代價，急切地要滿足某種欲望。毫無疑問地，我們也應當從佛氏的描述裡明白，自己對他人欲望的認同，和自己對侵害者的認同（必須分辨這是幻想中的吞噬〔攝入〕〔incorporation〕、內射〔introjection〕和認同〔identification〕）。我們倒是有理由承認，人類內在確實蘊藏這種原始暴力，在一些其他動物不可能參與的計畫中，人對死亡的思考和探索使這原始暴力顯得特別可怕。不過，與暴力**同時並存**的，是人對他人所懷的最初的愛（Un Eros，情欲之神）例如小孩子的第一個微笑——對人們的信任）。

接下來的一章中，將描述犧牲的一般**功能**，及其由**五個端點**所組成的結構。

在那之後，我們將從這一章的五端點結構之分析所得的結論，探討三種一神教裡的犧牲神話，以闡明犧牲如何影響每一種宗教的基層建構，並且說明犧牲對這些信仰裡有關性禁忌、禁止

13-a　中譯註：貝傑黑（J. Bergeret, 1923- ）法籍分析師，長期於里昂（Lyon）執業，著有《根本的暴力》、《病態與正常的人格》等書。

製造神像以及信徒熱心投入的影響，不論信徒熱忱是利用神學權力主宰世界的暴力行動，或是他們投入自然科學與人文科學的探索中所表現的強烈熱忱。

本書的第四章試圖說明佛洛伊德創造了有關犧牲的新神話，他知道人類一定需要這類的神話，而且我們的時代也有一股召喚犧牲神話的潮流（例如繼超現實主義之後出現的某些學說）。

不過，容我再強調一次，佛氏所新創的神話，並不像某些論者以為的那樣，認為它是能夠概括有關犧牲的精神分析。相反地，我將佛氏的犧牲神話視作他個人的推想，我把它們放在精神分析的邊緣地帶；我絕不將對人類心靈活動的描述、對人的幻想和其欲望的探測當作神話。容我再重複一次：在這個釐清的工作過程中，人們發現了弒父情結，這是從精神分析臨床治療中觀察得來的。弒父情結的發現已成為一種必備的邏輯基礎，它協助人們了解各種神話，並且去除人類的懵昧無知。

精神分析師必須觀察到，產生當代流行神話的觀念，不斷地更新繁衍，特別是在**政治上**（經濟政策或是期盼革命）、**宗教上**（多得數不清，因著傳統信仰的變形及其各種分支教派）、**美學上**（在這個領域裡，人們的意識總能找到肯定通往非理性與自由的方向）、**科學上**（最嚴謹地滿足我們對知識的病態欲求）以及**哲學上**（其世界觀闡明一種與良善、幸福或真理有關的智慧或方法）。

上述有關神話的觀念，持續活躍在我們的生活裡、承載並引導著我們的欲望。這些正是我們極其關注的客體，它們都匯集於**未知的事物**；而意義深長呈現於**視覺表現**中的**想像**，就是從未知的事物出發的。[2]

本書的最後一章將談論犧牲神話對當今世界的作用，不論在

精神分析臨床治療方面，還是在社會的種種活動方面，它都能凸
顯出個體心理與集體心理之間的關係。我們隨後將討論犧牲在傳
統中和宗教上的各種形象，並且探索現實中這些犧牲形象再現的
可能（它們總有可能涉入我們的生活現實）：讓犧牲形象重現，
是對抗代罪羔羊的一種手段，那就是先指出誰是代罪羔羊，然後
除掉他。

　　當然，這個從精神分析角度來探討犧牲的研究進程，其先決
條件顯然是必須釐清神話的意義，說明儀式其實是附屬於儀式當
中已設計安排過的形象。[3]

　　是故，我們可以作如是觀，宗教儀式進行的程序乃按照犧牲 15
神話來安排的，這些神話各有其生成的源頭。有關犧牲的故事於
焉生成，經由啟示而昭顯於世人，但它們是無法查證的。犧牲故
事揭示人類歷史的起源，透過語言和書寫（即經典）代代相傳。
它既不是傳說也不是史詩，雖然對相信該犧牲故事的宗教信徒而
言，它不僅概括了先人的歷史，還是一系列神話的開端，為人們
對社會與對大自然的認識提供了完整的知識。它也給人們的各種
活動及道德行為提供典範和靈感，所以是具有明確目標的。它使
群體中眾人的欲望集體化，群體因此有了向心力：所有的人在他
們的幻想裡能彼此認同並且相親相愛、對情感的體會、對其幻想
的昇華、在他們不可思議的欲望以及非理智的幻想裡，他們共同

2　參見拙著〈在視覺基礎上展望的客體〉（L'objet de perspective dans ses assises visuelles），收錄於
　《精神分析新期刊》（*La Nouvelle Revue de Psychanalyse*, 35, 1987, p. 143-164）。

3　主要參考翁日耳（D. Anzieu），〈佛洛伊德與神話〉（Freud et la mythologie），收錄於《精神
　分析新期刊》（*NRP*, I, 1970, p. 114-115）；瓦柏何加（J.-P. Vabrega），〈幻想、神話、身體
　與意義〉（Phantasme, mythe, corps et sens, Payot, 1980, p. 384）；恩利奎茲（E. Enriquez），
　〈神話或不變的社群〉（Le mythe ou la communauté inchangée），收錄於《時間書寫》（*L'Ecrit
　du Temps*, 11, 1986, p. 66-79）。

分擔又一起利用集體罪咎感。此外，這個關於犧牲神話的故事也支持著政權，使它靠著群眾的支持而取得權力；在極端的情況下，這會變成集權專制或是神權國家；造成的結果，便是一切極端的被迫害妄想症。最後一點特別重要，犧牲神話為死亡之謎提供了一個解決方法，同時也在以這神話為根基而建造的價值觀上，對生活的問題、性的問題、世代問題、權力問題以及未知事物的問題提供解答。

一神教神話的沿革過程中，所展現關於犧牲的活力，在西方思想上已留下深刻的痕跡。這個沿革過程使我們看到，當今的神話已經遠離了它們的源頭，脫離了它們的過去，它已從原始模型故事脫胎出來，朝向未來，以達到一種理想的組織；這理想的組織又將成為人類期盼的良善或一種更大的幸福的源頭。

精神分析的功能就是觀察這些當代神話，看它們如何產生、如何發展，研究它們的形象，才能辨認出在每一個個人內心的幻想根源、他的情欲及情欲昇華情況。

至此，讀者很清楚看到，本書作者的理論基礎是建立在佛洛伊德及其關於無意識之解釋的影響上，而不是建立在于貝爾（Hubert）與毛斯（Mauss）那種堅持犧牲外在明顯的表現，不過
16　此處也毋須駁斥他們的說詞（犧牲理所當然「透過一個祭物，在聖界與俗界之間建立某種溝通」，以便在神聖裡尋找到「生命的源頭」）。[4]

同樣地，我的觀點接近馬歇爾・枸雪（Marcel Gauchet）的看

---

[4]　毛斯（Marcel Mauss），《作品 I：神聖事物的社會功能》（*Œuvres, I: Les fonctions sociales du sacré*, chap. 3）；于貝爾和毛斯（Henri Hubert et Marcel Mauss），〈論犧牲的功能與性質〉（Essai sur la nature et la fonction du sacrifice [1899], p. 193-345, Ed. de Minuit, 1968, 634 p., cit. p. 302, 303.）。

法，認為宗教「積極地塑造群體的各種活動」，[5]而不僅僅是一種
以經濟為基礎的超結構。有關神話化解紛爭和暴力的功用，我的
看法與馬紐爾‧德‧笛卡茲（Manuel de Diéguez）在其《一神論者
的偶像》[6]中所提出的觀點接近，但與何內‧吉哈爾（René Girard）
的看法不同，而且有別於時下聖經學家們（不論明顯指出或隱約
暗示），他們有意屏除聖經故事中那些長久以來作為信徒靈修探究
的血腥場面，以提供一個非暴力的信息，作為解決當代人所面臨
的各種難題的普世之道。

　　我因此傾向於拒絕一些將精神分析過分簡單化的管道，簡單
化的情形有下列幾種：以為所有的科學研究只不過是眾多神話裡
的一種，與宗教信仰的層次一樣；或者，相反地，企圖用理性來
排除人類的想像力，及其所產生的不斷更新的形象。

　　一本用理性分析神話的書，是可以透過語言建立的，它也容
許虛構綻放光彩；虛構建立在幻想上，不停地在已知與未知之
間、可見與不可見之間、理性與非理性之間來回擺盪。譬如犧
牲，時而是前者，時而是後者，如此的搖擺正好回應了人們為了
協調七情六欲而有的想法。精神分析不可能不探究人內在的變
化，通過臨床治療工作以及它對活生生的思想的作用，精神分析
釋放了人的無意識。在人類探索未知事物的過程中，這門學科從
此擔任了積極的角色。

5　　枸雪（Marcel Gauchet），《人世間的解除魔咒》（*Le désenchantement du monde*, Gallimard, 1985,
　　306 p.）。

6　　笛卡茲（M. de Diéguez），《一神論者的偶像》（*L'idole monothéiste*, PUF, 1981, 264 p.）。

【第一章】破　壞

　　當人們想仔細考察破壞的力量，試圖捕捉犧牲的功效時（犧　　17
牲作為神話或是集體行動，用組織、疏導、避免或打擊破壞的行
動及其造成的後果），不論是拒絕承認死亡驅力，或者簡化有關這
驅力的各種層面，都無法讓他們不去探究死亡驅力（la pulsion de
mort）。

　　但我首先要討論影響暴力及其各種表現方式的種種因素。

死亡驅力

　　自佛洛伊德以降，我們必須釐清死亡衝動的涵義，即使有人
心態上選擇掩蓋或除掉這個涵義；在討論犧牲的神話之前，這是
不得不做的準備工作。

　　第一個要清除的誘惑是做出以下的結論：死只是生命無可避
免的另一端。我們必須謹慎防範這樣的想法，這可不是單純的看
法。因為三段論的方法證明蘇格拉底是一個凡人，[17-a] 並且是一個
會死的人，不管這說法多麼顯而易見，關於我們個人的死，卻不
是一個無庸置疑的真理。再說，蘇格拉底會死，至目前為止人們
都記得他確實已經死了，而且還是自殺身亡的。在這方面，有關　　18

17-a　中譯註：所謂三段論（syllogisme）為傳統邏輯學的一種論證方法，以一個大前提（「凡人皆
　　　會死；」）、一個小前提（「蘇格拉底是人；」）進行演繹推論，得出一符合大小前提的結論
　　　（「所以蘇格拉底也會死。」）。

自殺與長生不死的問題早已為人們所議論不休。[1]

第二個要清除的誘惑，是認為人們無法對死亡發言，或有任何想法。當我們向某人的屍體瞥一眼的時候，常常認為那是別人的死，不是我們自己的。但是，就在這一眼之際，我們想起佛洛伊德所說的：死亡的驅力總是在我們未察覺之際默默地起作用，我們沒有辦法不去正視它，而且迴避這個問題也是不健康的，海德格（Heidegger）把這樣的迴避態度稱為不真實的存在。驅力是一股人們無法測知的力量，最好不要浪費時間逃避它，應當將它視作後設心理學（Metapsychologie）心理學的重要元素。

還有一個迂迴的做法，是將死亡驅力和生命驅力這樣的二元對立關係，看作只是一個解決問題的辦法，要把各種衝突簡化而且變為一種到處通行的二元論，變質的克萊恩理論之應用便是這麼做的。有關這點，請參看裴陀（J.-M. Petot）論克萊恩理論的著作，他在該書中對這理論做了精闢的解析。[2]

事實上，人們可以不管佛洛伊德對死亡驅力在生物學上和物質上之根源的發現，而探討這個問題。

生理上，我們都知道死亡會逐漸地分解、破壞身體的組織，個人的整體性因此被瓦解，同時，人的體能也慢慢地消散，直到完全滅盡。生物學上的差異以及**生物學上表徵**從此消失。是故，人體構造上各種元素之間的極多差異所共同構成的活生生的完整性，此時則化為一堆死的物質，不分彼此，沒有各自的獨特性。可是，我們不得不注意到，即使在這樣的狀況下，人們還抱持一

1　參看內何（M. Neyraut），《無意識的邏輯》（*Les logiques de l'inconscient*, Hachette, 1978, p. 60）。

2　《克萊恩》（*Melanie Klein*, 2 vol., 1981, 1982, chez Dunod）。

絲幻覺，認為無機物質本身確實有其獨特、複雜的物理結構，其原子中含藏著驚人的能量，而且一觸發便發展成一種有機組織。

　　我們不可忽略一件事情，就是佛洛伊德認為死亡驅力不只屬於生理層面；他還在其論文〈有止盡與無止盡之分析〉中，循著先人恩培多克勒（Empédocle d'Agrigente）[19-a] 早已指出的，證實這位哲學家有關愛（philia，這個字必須被解釋為包含友情和愛情，前者接近 agapé，後者接近 éros）與不和（neikos）之爭戰的宇宙觀。佛氏甚至認為像死亡驅力這樣具有破壞力量，而且早在生命出現之前就存在了。佛氏在文章末還談到恩培多克勒的理論將來可能發展的方向。[3] 與其說那是能量消逝的指涉（如佛氏所指出的，人隨著年紀的增長，心理上愈來愈不喜歡變動，因此很難改變），倒不如說那是佛氏預期一個會把我們引向最終毀滅的過程和傾向，正如我們今日所能想像的那樣。

　　這樣的高見已經成為人們對宇宙的看法，它的意義其實是，人們試圖思考虛無。這看法把那些支撐人體結構和意識的各種力量與張力化為零，所以是**經過思考**來表現死亡。一如拉普朗西（Laplanche）指出的，[4] 我們不能將身體內在對穩定性的調節、人體活動中的恆定原則（constance）、趨零原則（le principe du zero），與佛教的涅槃原則（nirvana）混淆。但是，當人們在討論驅力的問題時，經常會搞混上述的觀念，或者把問題弄得複雜不堪；即使佛洛伊德的思想裡也有類似的現象。而造成這種混亂現

19

19-a　中譯註：古希臘哲學家，認為萬物由水、土、火、氣四種元素組成（又稱四根說），生滅現象並不存在，只是四根的「混合」與「分離」而已，而以「愛」與「憎」交替支配世界的循環生滅。

3　　收錄於《結果、想法、問題》（*Résultats, idées, problèmes*, II, PUF, 1985, p. 261；《英文標準版》*SE*, 23, 24.）。

4　　《精神分析中的生與死》（*Vie et mort en psychanalyse*, Flammarion, 1970, p. 180 sq.）。

象，很可能是因為人們企圖找出一個克服死亡的辦法。很多時候，性欲的滿足、性高潮（有人亦稱之為「小死」）或者睡眠，都被視為死亡的經驗。這樣的等同看法有兩個原因，第一個原因是：在禁止性欲與潛抑性欲的時候，人們會使用死亡的威脅來轉移他們對性的禁止或驅力的幻想；但是，反過來看，我們不該忽視人們也試圖用最刺激、最強烈的身體享樂來迴避死亡。猶如羅曼語系裡所顯示的，愛與死的字源是非常相似的。在使人獲得益處的暴力之下，死亡被征服或被隱喻化；在這個過程中，愛的力量是顯而易見的。性與死亡之間的關連為大家所熟知，我個人認為，這兩者之間，克服死亡才是主要動機，但死亡卻被它和性的關連改變了。除此之外，有人試圖消除性與死之間的張力，企圖像東方智慧修練般地達到涅槃；這種努力其實也是非常吸引人的，因為它能像自戀者的目的一樣，讓我們透過寧靜來屏除欲望，以便在與生命結合裡捕捉到死亡。一切的苦行，不論是為了去除各種肉體的情欲，還是企盼臻至精神上的修煉，都重複著這個在生命裡克服死亡的過程。

在此還必須指出一個特別和死亡的空間有關的矛盾。人們通常把因精神病而出現的片段化、分裂化與斷裂視作一種心理的死亡。然而，在一個已經僵化之人格的內在，在一個已經系統化的妄想而不再變化與保有結構與能量，卻趨近簡化為無機物的狀態，存在著相當明顯的統一性。這兩種現象的性質是一樣的。因此，生命不單單意謂著由各種不同的元素組成一個有機的整體，它也是一種運動，能夠包容、同化（那些可能浮現出表象的）人內在所潛伏的各種斷裂、張力和多種層面。「分析」絕不像擁護「綜合」者所想像的是具有破壞性，分析其實是有建設性的。

不過，要按照驅力的本質（借用生物、身體或物質的用語），來形容或解釋感官組織與精神的衝突時，有關「死亡驅力」的各種說法，就必須經過精神分析學的思考。思考死亡勢必引發一連串的探索行動：與性欲的複雜關係、內在化（l'internalisation）、各種再現的弔詭形式、不自覺的強迫性重複。這些動作不僅使精神分析的探索過程具有獨特的面貌，還將死亡驅力放在精神分析的神話向度裡。

驅力與本能（l'instinct）不同。對人的需要（besoins）來說，特別是對承載驅力的再現（représentations）和語言的符徵（signifiants），驅力具有很大的流動性。這是為什麼拉普朗西如此說道：「性欲特質（sexualité）最能代表人所有的生命驅力，就該字的本義而言，性欲也可以說是唯一的生命驅力。」[5] 就身體所具有的生命力之功能來看，兒童的性特質，可從他想找回失去的東西，以及他追尋代表那失落的東西之再現，觀察得到。因此，孩童的早熟和依賴，便透露了其性特質的發展過程。這個過程又和他腦子的理解能力息息相關，也就是說，在他接受別人照顧他的身體時所感覺到的（性）刺激，和他母親傳遞給他的語言能指所含的訊息之間，他能不能領會這兩者之間的落差。小孩收到的訊息數量很多，而且性質紛雜，即使如此，他仍有能力分辨快樂和痛苦，因為這兩者有各自的頻率與重要性。驅力能有何種再現，這個問題的答案相當開放，有**各種可能性**。對人類而言，這正是廣義上的性特質場域、情欲場域，而且使人們在籌劃各種計畫的複雜活動裡，也可以思想死亡。

說死亡的驅力，其實也就是說生物學上與心理上將這驅力從

21

5　Op. cit., p. 18.

外在世界推向內在世界。我將用兩種對立的系統進一步解釋。根據第一種系統，死亡只來自外在的世界，由於受傷或感染疾病，或由於外來因素而造成的毀壞；因此，克服死亡的力量便是避免或對抗這些外來的傷害因素。孩童必然深受這樣的想法影響，沒有老化經驗或者沒有得過不治之症的成人，也會受這觀念主宰。對主張「神奇」思想者而言，死亡總是由外來的惡因引起的。因此，接受死亡是存在於人的內在，承認死亡「驅力」，這是許多陶醉在永遠青春的錯覺和理想的人所抗拒的。只有某些被人遺忘的哲學潮流，曾經為這種觀點鋪過路。但是，長生不死的神話還在人們心裡活動著，這是為什麼從前的中國人食用他們認為能使其長壽的毒物。驅力之說則把克服因外來因素而造成死亡的力量，轉變成克服內在死亡的力量。這個轉變不僅回應了每個人的個人經驗，如佛洛伊德認為的，親友的消逝、人的老化與不治之癌都會使人經歷這個轉變，它還符合精神分析學的特殊之處，因為它能夠拆解神話，將死看作我們每個人自己的死、內在的死，而且它可以從所有未知的關係（relation d'inconnu）之背後揭露出這樣的死。

　　然而在這點上，一個新的神話卻又漸漸成形了。既然死是內在的，人們能夠克服它的力量便端賴心理的現實（réalité psychique）來決定。沒錯，為了分辨疾病與死亡場域裡的病癥、病癥所避免的痛苦、病癥所伴隨的痛苦之間存在的不同層次，精神病理學的各種不同措施也試圖掌控死亡。今日，逐漸不被查覺的歇斯底里症與特別是具有致命想像的強迫症，與心身症，併存於死亡的虛擬狀態中。其中，在危險的情況中，有時候也會出現許多邊緣狀態（états limits），如自殺性的歇斯底里、施虐—受虐狂之反常或自

戀狀態；這些極端的反應都具有致死的力量與危險的情況遭遇，為了能掌控死亡、克服危險。有時候，有這些病癥的人反過來附著著死亡，將身體陷入死亡裡，而達到零度空無的境地；這乃是藉著完全失去控制死亡的權力，而達到經由這種逆向操作所取得的的絕對權力。

從精神分析師的角度來看，藉著人們期待心理現實對身體引起作用，神話可以成為人內在那個全能的神話：按照個人的心理狀態及其無意識的決定，死亡會變成其身體機能渴望的對象。一如格洛德克（Groddeck）[22-a]與賴希（Reich）[22-b]認為的，這個神話不畏懼科學、也不畏懼醫學上的未知事物，因為過度地將身體心理化，等於試圖引用一種心理因素來詮釋最嚴重的診斷結果。對這兩位作者而言，甚至所有疾病中最神秘難解的癌症，也受制於病人的心理狀況。在不可能不死的情況下，人們理當有權利，在最佳的生物學的基礎上，按照每個人的過去及其個性，等待理想的長壽。

死亡驅力的特殊價值肯定是，將死亡內在化，把它內化為人的心理能量。這也給我們解釋，為何兒童的不成熟與憂傷，會使他處於一種持續狀態，一直到他的驅力殆盡，一直到死，這狀態才停止；這其實是一種能量的減少，雖然兒童不一定有明確的目的（跟動物的本能行為不一樣），也不一定要尋找什麼快樂或獲得什麼滿足。這種持續狀態沒有什麼變化，也就是一種不自覺的強迫性**重複**，佛氏認為這種重複與死亡驅力是緊密相連的。人們對

23

22-a 　中譯註：格洛德克（George Groddeck, 1866-1934）在德國的溫泉勝地巴登巴登（Baden Baden）創立結合精神分析與心身醫學的療養所。

22-b 　中譯註：賴希（Wilhelm Reich, 1897-1957），奧籍精神分析師，著有《法西斯主義群眾心理學》、《性格的分析》等書，晚年移居美國，從事其所謂的生命能量（orgone energy）治療。

遺棄的心理反應是，精神上的無依無靠，它隨後則表現在我們的絕望裡和吶喊裡，即使我們沒有明確地呼求援助。

是故，死亡驅力是一種能力，用最原始的憎惡，把凡是「不好的」都丟到身體之外，而且這原始的憎惡不斷地在人內心裡反覆作用。

從那開始，人同時受著死亡驅力和原始憎惡的刺激，加給自己的第一個痛苦，這痛苦依存（étayage）於原初受虐（masochisme primaive）的源頭，而導致他在性需求與性發展之間的落差。

我們看到，在佛洛伊德的思想中，就人的行為和其思考死亡方式這兩方面，人第一次將死亡驅力內在化的時候，事實上涉及試圖開拓人一次所能達到的最大記憶限度。兒童的不成熟和他無依無靠的感覺，事實上是與他言說和語言能力同時並存的，也伴隨著隱匿的客體消失，及幫助他建構現實的原初受虐。一如海德格承認死亡最重要的功能，在於把我們活生生地丟進在世存有（au monde dans l'être）裡，以預備迎接我們的死，思想界一般認為，死亡將是個人的終點，而且是不可能被克服的，人們只能接受死的可能性，維持死的現況；我們發現，這正是導致人們焦慮的主因。正如佛氏所說的，人在童年時期因其所遭遇的拒絕和缺空（le manque）而產生這種的想法，它便成為否定（la négation）和語言的根源（參看佛氏的《拒斥》〔La dénégation〕）。[23-a]

因此，自從人們可以「賦予自己」死亡，譬如，個人可以隨

[23-a] 中譯註：按拉普朗西等人編彙的《精神分析詞彙》，否定（la négation）以及拒斥（la dénega-tion）兩者有時會交互使用，對應於佛洛伊德所使用的德語「Verneinung」，詳見1925年的同名文章（*SE*, XIV, p. 11-15）。臨床上所對應的例子，像是個案「鼠人」極力否認想要父親死的念頭，或是夢見母親的病患說：「你會認為這人物代表我母親，但其實不然。」當事者的欲望浮現在意識上，卻又被否認。

其機遇而冒著死亡的危險，或用逃避和娛樂來避免想到死亡，或者接受死亡的可能，但就止於可能而已，又或者反覆不停地想著有關死的種種可能，人們對死亡的種種作為也就成為了開展的領域。

人們對死亡驅力所作的思索，揭露了一些對立的系列，這些對立組合彼此之間可能互相矛盾，而且我要特別強調，當人們執意要得到這樣的對立組合時，它們就必定會產生。我在此要特別　24
說明的是，在強調分析的思考裡，死亡驅力確實會凸顯出諸多矛盾，這些矛盾是死亡的思想原本就有的。儘管主體本身並沒有意識到，它們還會造成雙重束縛（double entrave）的情況，並且用死亡來支持病兆的（focaux）神話，也就是活動的神話；這些「病兆的」神話甚至強勁到足以主導主體的存在，而且為上述的矛盾提供一條集體的出路。

以上提到的對立組合早在完成死亡衝動裡出現過：時而以氾濫宣洩的方式、過度的衝動、奢侈的享樂、無法制止地追求歡樂，在喧嘩和憤怒當中任由能量流失與虛耗；時而以潛抑生命力的衝動，使性欲消沉甚至完全消失。因此在主動與被動之間所出現的矛盾是，過度縱樂導致死亡，而相反的情況則將落入萎縮與消逝。

同樣地，不自覺的強迫性重複──也就是在快樂和其他許多快樂的變形之外，那被迫的、致死的機制──不會使我們遺忘，人的需要與快樂之不斷重複，其實也是以一種相當強烈的方式，展現了生命欲望的驅力。

除此之外，內在與外在之間的對立（致死的自我封閉與向外在世界宣洩暴力）；與放縱式的消耗對立的是通過隱居而消失；

因過度而產生的飽滿或空虛之間的對立；用權力來破壞或者用非權力達成破壞之間的對立；毫無彈性的統一與四分五裂之間的對立；拒絕自我觀照（spéculaire）或者拒絕他者之間的對立；驅力的聯結（liaison）與解離（déliaison）。[24-a] 這些都出現在這個環環相扣的矛盾裡，那是一種存在的矛盾，並且與死亡有關，它又支持雙重束縛，我們於是可以如此說：「必須死，為了活。」

上文中提到的拉普朗西那本書末，就對立組合所呈現如謎般的「交錯配列法」（chiasme）名單裡，已經注意到上面所指出的各種矛盾，它們所產生的雙重束縛，利用了眾多矛盾之間無法互相傳遞決定的情形之下，來協助死亡驅力這種「必須死，為了活」的遊戲，使一切決定懸而未決，無法再反覆於對立中。

如此一來，強迫性重覆是不可能被瓜分的（例如在原發過程〔processus primaire〕與續發過程〔processus secondaire〕之間，[25-a] 自由能量與羈絆能量之間〔énergielibre, énergieliée〕），這會使主體受妄想隱喻影響而失去控制造成傷害，或者使主體驚愕錯亂到思想完全崩潰。

25

這些對立組合事實上能形成最原始的驅力機制的溫床，亦即雙重倒轉作用（le doulle retournement，對自己和對別人），一如它在人沮喪的狀態之下所表現的。

換句話說，我主張，有關死亡的矛盾便是靠這個雙重束縛，對客體的關係及對決定精神病心理組織的情況起作用。除此之外，「病兆的」神話也提供了一個集體的解決辦法，這個辦法本

24-a 中譯註：指心理運作機制的、經濟學上的兩個面向，聯結是將流動的能量附著於心理中的再現，成為穩定的過程；解離則相反，其目標在於傾洩。

25-a 中譯註：原發與續發過程是心理機制中對立又互補的。前者循享樂原則將心理能量解離，後者循現實原則，將心理能量連結。

身就建築在矛盾上,於是帶來了一條有創意的出路。就此點來看,佛氏在他新創的神話中提出的死亡驅力的觀點,使該神話在精神分析中成為一個佔優勢的神話。

然而,我們對死亡驅力的了解倒也引起一些疑難(apories)。我們察覺到,這個驅力中最特殊的地方是:每一次的衝動都必定有倒轉作用。

壓力下降,直到零,總是漸進的,因為有驅力的地方,即有「它驅動」(ça pousse)[25-b]的動作,就有生命的表現,即使該生命已轉向漸漸萎縮。

人們認為身體組織的解體是一種毀壞,我們已經說過,**差異性終究化解為最後的一致性**(memento homo quia pulvis es et in pulverem reverteris)[25-b],變為塵土般無機的物質。

強迫性的重複確實可讓驅力按其原貌釋放,也就是不依附於任何再現(répresentation);這正是佛洛伊德所指稱介於生理與心理之間的純驅力,她像一個神話人物,在不確定的情況中會顯得更偉大(見《精神分析新論》〔*Nouvelles conférences*, p. 130; *SE*, 22, 95〕)。這種驅力不斷盲目地重複,但沒有任何再現,因為她永遠回歸到無機狀態,而且屬於永遠不改變之類的;對我們的意識狀態與生理組織而言,驅力總是回到虛無狀態。但與此同時,人對生命的需求也不停地重複,人們的快樂也是一種強迫性的重複,可被強迫性重複中倒轉為受虐快感所複製。 26

最後,凡是被視作否定的、退化的、閉塞的、破壞的,即死亡驅力的一切特徵,此處重新被思考,而呈現出她的「積極」面

25-b　中譯註:ça, moi, surmoi 分別譯為它、我、超我。
25-b　中譯註:「人啊!你要記得你是從塵土而來,終將回歸塵土。」

向：向死亡驅力求救，不僅是透過死亡與生命互動的複雜關係來肯定生命（如佛氏在其〈為何戰爭？〉一文中所說的），而且在人們處於沮喪狀態時，死亡驅力還會展現一股推動力量；因此，不斷地重複，事實上是為了人本身的倖存。同樣地，人們反抗無法忍受的生命，甚至用走向死亡的方式以求得生活。這種矛盾便由此產生出許多其他類似的矛盾形式，像「必須死去以便生存」。在各種相似的矛盾形式當中，仿效西班牙人的神祕主義並非最不精緻的，如聖女大德蘭（Thérèse d'Avila）[26-a]（期盼永生）[6, 26-b]，又如聖約翰德拉夸（Jean de la Croix）（為與神見面而受苦的心靈之歌）。他們企圖透過神祕主義而於死中求生，試圖冥思兩個互相矛盾的思想之間的裂縫：「死去是為了不死」，這裂縫就是處於這種不面對死的精神之死，堅持想活著，與相反的另一端，即死亡被認定為不死，在這兩者之間，心靈與身體彼此煽惑。

　　更深入來看，與語言的象徵作用有關之心理活動也可被視作死亡驅力。[7] 我在這裡引用佛洛伊德的著作來支持這個看法[8]：拒

26-a　中譯註：大德蘭，十六世紀出生於西班牙亞味拉，加爾默羅會修女、神祕學家及靈修學家，死後封聖。

6　「我死，因我不死。」（Que muero porque no muero.）

26-b　中譯註：此句源出大德蘭修女的詩作

　　ÉoVivo sin vivir en mé,　我活著，不活在我驅體

　　y de tal manera espero,　我期待昇華的生活

　　que muero porque no muero.　我死，因我不死

　　「我活著，不活在我驅體」、「我死，因我不死」此種邏輯上不會同時存在的兩種意念或行為，又如「理智的瘋狂」等敘述，是十六世紀神祕學作家群特別喜愛運用的對比重複詞語法。

7　參看寶黑（R. Dorey），〈精神分析中死亡的現實與客體失落的現實〉（Réalité de la perte, réalité de la mort en psychanalyse），收錄於《精神分析師對你說死亡》（Des psychanalystes vous parlent de la mort, Tchou, 1979, p. 12-42）。

8　《否定》（La négation）（1925）收錄於《結果、想法、問題》卷二（Résultats, idées, problèmes, II, PUF, 1985, p. 138）（特別是倒數第二段）。

斥（dénégation）是來自死亡驅力，而且是否定（négation）的象徵之創造，跨越了享樂原則的限制。至於精神病的違拗症（négativisme psychotique），它則回應了一種用減少欲力（libidinal）元素，來分解（désintrication）各種驅力的做法。除此之外，因第一次失去客體對象而有的哀悼及該事物的消失都會影響語言上符徵（signifiants）的組織（例如fort/da）[27-a]的發明。這是被痛苦宰制，以及宰制痛苦的結果；這種情形也與死亡驅力有關。我們可以說，使用這些語言符徵其實是練習一種**重複**，因為這些符徵元素的數目是有限的（語言中第二次的接合）。[27-b]這種口語言說能夠在固定的基礎上做無窮盡的變化，正如一般生活中能夠把各種差異，尤其是各種不平衡，容納於一個更複雜的層次化組織裡。

　　如此積極地看待死亡驅力，也就是將它與生命驅力一起處理（藉著混合兩者），為許多集體問題提供了唯一的解決辦法，尤其當人們為了找到解決問題的出路、為了達到進步而製造斷裂、引起組織中的亂序（某些名稱，例如無政府狀態，便強調這個混亂的價值），還有為了多數人的好處，個人自願犧牲生命便成為一種必要的手段。

　　那麼，對兒童而言，當他與某客體分離而失去該客體的時候，他就已經早熟地體驗到死亡的滋味。是故，在兒童的語言裡，不在場即暗示著死亡，這點絕對不是偶然的。這個遺棄經驗卻留下了痕跡，而且人的痛苦和語言的符徵便在那痕跡上會合，

27-a　中譯註：參考佛洛伊德1920年的文章〈享樂原則之外〉，是他孫子恩斯特（Ernst）在母親不在時所玩的綠軸（言語）遊戲。

27-b　第一次的接合，指的是語言中不可再被分割的字、意義等單位，而第二次的接合則是更細微的，不具意義的音素（phonïme）所構成，語言的意義、遊戲則在符徵（signifiant）的兩種接合中組合。

未知的事物和因遺棄而產生的焦慮也混為一體，最終被稱為死亡。我們愈有能力承認死亡的可能性，思想死亡的能力就愈強。那些將「崩潰」、「沮喪」、「消沉」與「原始的焦慮」等等的危險視作理智的極限（ultima ratio），甚至視作一種理論上最後的解救辦法（被某些人過於輕率地操弄）的人，事實上乃試圖正視兒童對死亡具有一種固定而無以名狀的直覺：兒童在生命經驗中的災難事件裡事先感覺到死亡的陰影，也事先做出心理準備。

我認為精神分析的現況（存在於世代之間、性別之間與權力之間的不同）是由自戀傾向的諸多雙重束縛所造成，這些現況的力量則來自死亡驅力與生命驅力之間的相互衝突。在思想和語言層面上，其結果便是由一些心理矛盾所造成的分裂（及精神病的毀滅）。這些對立的矛盾又可分作四組：第一組矛盾存在於主體與**主體本身**的客體性（objectlité）（身體與思想兩方面）之間，第二組矛盾存在於自主性（autohomie）、身分認同（identité）和服從已接收的語言符徵之間，第三組矛盾存在於身體恆定性（homéostasie）與**不可逆轉**的改變之間，第四組矛盾存在於無意識與意識之間。[9]

邪惡、痛苦、壞的客體在我們的心裡都曾留下痕跡，因為在某些情況中，驅力（la pulsion）會使用它們作為再現（représentation），劃界的符徵（signifiant de démarcation），當享樂愉悅不再可能時，這些再現就變成了唯一的工具，不斷地重複出現；在更廣的層面上，結局永遠會回到虛無的起初。

對人類來說，這樣的過程必定經過一個否定的階段，即語言

9　請參見拙文〈片段〉（Fragments），收錄於《詮釋的要素》（*Eléments de l'interprétation*, Gallimard, 1985）。

內在的否定性。與死亡相關的存在矛盾甚至反映在人的思考過程裡；這可能造成雙重束縛的障礙，也可能對雙重束縛所呈現的未知的事物和流離失所，作出具豐饒結果的開放。

現在，我們應該探索這個既是個人的又是集體的死亡驅力的出路，換句話說，就是將它向外疏導──不論為了什麼原因，總得殺戮；或者把它向內疏導，即返回原發受虐的固著作用，接受被殺死或自殺的結局。

殺戮

我們要問的問題是：為什麼人類努力要破壞，熱衷又快樂地以殘殺來獲得滿足？但是，這個顯然極複雜的問題指向了解該問題的基要軸心，這些軸心可以使我們將幻想、意圖和實際行動分別開來，也可以使我們分辨是個體的運作還是集體的運作。我們也明白，必須注意各種事件的性質其實是相當多元化的，諸如犯罪和凶暴的刺殺、財產的流失、破壞和社會現象、革命與戰爭等等的事件，其性質可以從深具敵意到流血的衝突、到反抗。一般說來，在幻想世界裡也好，在種種實際的破壞行動裡也好，那些事件都與暴力有關，甚至以謀殺作結。虐待（sadisme）正代表了 29 這種愈來愈往外宣洩的暴力傾向。是故，我們將按著原發受虐（masochisme primordial）、虐待與受虐之間的關係，以及這個關係的反轉三個因素，進行更深層的探索。

首先審視原發受虐，這是指人類將惡──人的第一個痛苦內在化，為了把惡轉變成其他東西的過程，它保持了因痛恨惡而拒絕惡的痕跡，因而給惡這個對象一個實體；這是使受虐成為現實並

且使之得以昇華的起點。兒童沒有繼續停留在這種，可能導致自閉症的自戀式內在化裡，顯示他逐漸向他者和外面的世界敞開自己，但在開放自己的過程中，他敞露過多的愛，也暴露於暴力與自戀的狂怒（rage narcissique）當中。以至於他的「氣恨」把他綁在自己所恨的對象上，使他陷入衝突以及對挫敗感的反應當中；從而經由投射（projection）與內射（introjection）等心理機轉，完成了他的客體關係。

人類天生就有能力以肌肉的主動反應（réaction active）、具體而強烈的方式去平衡兒童時期的依賴，使他克服內在化的受虐。與此同時，人為了探測未知事物，甚至使用假設和思考，以過於猛烈的施虐的、暴力的投射方式來開啟未知。

為了探討暴力在這方面的問題，我認為研究的步驟不可簡略。我們必須同時注意三件事項：一是自戀的特點，二是認同問題，三是罪咎感的迴返作用。

一、我們知道自戀式的認同具有侵略性。長久以來，我們老聽到「倣同的暴力」（violence mimétic），這種暴力已經變成所有的暴力行為的唯一解釋。可是，精神分析師都很清楚在鏡像關係中所承載的破壞力，那關係可由分身（le double）所含有的代表死亡的價值來說明。這點，拉岡以前就說得很清楚（1936, 1949《鏡像時期》〔Le stade du miroir〕；《精神分析中的侵略性》〔L'agressivité en psychanalyse〕）。在他之後，哲學家們反倒把該問題遺忘了，這可讓那些拒絕精神分析的人士高興不已。

30 　　不過，我們應該仔細、專注地察看有關自戀的矛盾，因為當我們近觀這個問題的時候，就會發現它被困在兩種互相矛盾的抗

拒，兩者都傾向於摧毀客體對像：

I、如果存有一種鏡像關係的話，「分身」就應該被消滅，這個說法還有待進一步的闡明。自戀的目的就在於維護自我的獨一性與統一性。因此我們必得假設自我的獨一性與統一性遭受了威脅。但是，絕對的相像（即一種雙重的認同）是可能的嗎？在這分身關係裡，自戀者視對方是自己，所以憧憬，並認為對方有價值，但突然間，這對方分身所引起的競爭性而變得極危險。雙重相同的影像抹殺了差異，取消了大寫的它者（l'Autre），也因此失去了凸出自我之獨一性的陪襯物。死亡與破壞就是以與分身的關係為中心。

II、另一個維護自我獨一性的方法，是**將大寫的他者理想化到極點**，以消除與它者（autre）之間的相似點，也就是用投射的方式把所有的優點和一切權力交給他（如自戀投射的客體對象）。用這個方式處理理想化的父親形象或神的形象，但必定產生一個反面極，即**負面的理想化**（idéalisation négative），把惡的與不好的（如魔鬼或死亡）往外投出。自戀正是用這種理想化方式來完成欲力的撤回。

我們於焉看見內在化的雙重束縛所帶來的折磨：命令「要像自己，同時又不像自己」。絕對的**像自己**會導致可能致死的衝突，而**不像自己**則使人有理由不顧生命地對抗具體化的，集於一身的萬惡。

就整個社會來看，集體的自戀（例如種族歧視），一如個人的自戀，事實上就是不接受他者具有的差異，而**與此同時**，連帶發

29

生的（我特意強調這個字，因為這兩種態度是分不開的），又拒絕他們與他者共同具有的相似之處。於是，若是出現的是錢幣的反面，我打賭贏了，若是正面，你輸了。自戀的人但願別人像他，但又禁止別人像他；他拒絕，以表示絕不可能有任何社群存在，在這個惡性循環的反覆過程中，暴力就產生了。

31   不過，要維持身分的認同，一如方才所提的自戀方式，（一般情況下是與對象的關係平行的），這樣的保護具有空間感，就像領土，人們必須使用暴力以保護領土。

        二、此外，我們也不應該簡化辨識的方式，並非所有的擬態（mimétisme）都以暴力為基礎。某些人認為鏡像關係只是一種對抗死亡，然而，特別有了像布拉澤爾登（Brazelton）等人所發表的研究成果之後，我們現在可以這麼說：孩子與母親之間極早就建立的親密關係——這是天生的，而且從胎兒時期就聽慣了母親的聲音，有助於兒童的傚同與他對外界的反應；幼兒的微笑發生於喜悅之前，已經顯現出從同類們身上尋得自己的認同。所以，雙胞胎彼此之間不一定會做出具有攻擊性的動作。愛與友情（philia，見本書第15頁）就是在差異當中遇見相似性時所感覺到的快樂。[10]

        身分認同可因愛而產生，也可因恨而產生。關於認同侵略者的現象，精神分析已經做了極詳盡的解釋（而且經常被人們引用，稱為「傚同暴力」）。有兩個非常重要的問題必須注意，才能觀察出該現象其實比人們以為的複雜得多了。

        首先，我們注意到，人們遭受暴力威脅時，該暴力會引起不

---

10   參見夏列提安，（J. L. Chrétien），〈論海德格的作品：友情的視角〉（Le regard de l'amitié, à propos des œuvres de Heidegger），收錄於《評論》（*Critique*, 1983, 431, p. 327-340）。

同程度的忍受力或感覺程度或區從。我們可以像佛洛姆（E. Fromm），隨著侵略性的強烈程度來分別，純然為了戲要的攻擊，其次是人們為達成欲望而作的攻擊（偶發的或者為了肯定自己），所謂溫和的自衛性攻擊，最後是惡意的攻擊（殘忍的、虐人的，其目的不是自衛而是攻擊）。[11] 為了保護自我的身分認同與自我的領土（廣義上的領土），人們會做出受到文化理想標準所主宰的各種反應，而且在其影響當中，他們自我保護的反應也受教育和父母的身教影響。

至此，我們必須面對第二個難題。因為我們不可以將「傚同」 [32] 簡化成一種直接、單純的傳達。在父母與孩子之間，經常是恨產生恨而愛帶來愛；但是，我們也應當注意那些愛的人和恨的人內在存有的無意識感受，同時也應該關注被愛者和被恨者自己都不自覺而不為人知的感受。

然而，情況會因可能發生的反效果而變得更複雜，例如憎恨或冷漠會激起愛（藉著將我們的情感轉移到我們希望擁有的父親或母親的模式上，並且與他／她認同）。又如愛也會因為孩子不可能完全獲得獨立而希望父母死去，因此產生罪咎感，隨後再由罪咎感變成憎恨。眾所周知，過分嚴厲的教育可能導致孩子養成違逆、踰越的性格，而太寬鬆的教育也可能造成專制的超我。這些教育因素之外，如果成長的環境中產生愛恨交加的情感兩歧，並且讓人們把這種矛盾的情感發洩在某些代替對象身上；或透過可能毫不相干、出人意表的理想來紓解，我們不難想像，認同侵略者的心態，會以許多不同的方式顯露。

最後，我們必須記得，不能把認同本身與吞噬攝入（incorpo-

11　佛洛姆（E. Fromm），《破壞的熱情》（*La passion de détruire*〔1973〕, R. Laffont, 1975）。

ration）和內射（introjection）混為一談。自卡爾・亞伯拉罕（Karl Abraham）之後，大家都知道，陰鬱（mélancolie）和憂鬱（dépression）是來自所謂的「自戀認同」，即將一個客體攝入的幻想，該客體是情感兩歧的靶子。關於此點，請參看拙文〈憂鬱的自戀軸向〉（L'axe narcissique des dépressions）。[12]

三、此刻，我特別要討論罪咎感，這是決定發洩暴力或克制暴力最重要的原因之一。許多時候，人們印象中以為精神分析師的工作目的是解除所有的罪咎感。人們認為在一個令人滿意的環境裡，或者當一個人不願對其欲望讓步時（施虐般地消除了一切對象），罪咎感可能就不存在了。我們絕不可以用這種簡約的說詞來自我滿足。

事實上，罪咎感的確可以制止暴力，但是，矛盾的是，它也能夠引發暴力。

33　　我們應當先探討希望別人死的正反辯證，這樣的願望最初出現時，其實是人們在幻想裡試圖迅速除掉凡是會阻礙滿足他們的欲望。但是，我們卻不能忽略另一種方法，在fort/da遊戲中可察覺，以便主動地控制不在場和分離。當然，不在場與分離仍然不同於死亡，但思維無所不能的特性會很自然地顧及它們之間最根本的差別：不可逆性，所失去的對象永遠不可能復返的體驗，推到極致那就是死亡了。

從這點出發，死亡願望便參與微妙的復仇的戲碼：當人們希望別人死去的時候，他們不僅僅會感覺害怕，遭遇到自己施加於別人的，也會在想像中控制回返到自己身上的可能，隨後則主動

12　　收錄於《與未知的關係》（La relation d'inconnu, Gallimard, 1978, p. 109 sq.）。

地施加於自己身上。有關超我與罪咎感的形成，這點是很重要的。

是故，這一組程序很明顯地要解釋人的意圖（包括願望與幻想），特別是付諸行動（l'acte）的背後意圖。意圖付諸行動並且完成了，才算是跨越了某種障礙，之後，不可逆性才能成立。在這層意義上，所有的行動消滅了虛擬性（virtualité）。強迫性幻想症者都知道這個關卡。

那麼，折衷的辦法乃是用另一個行動取代那個不可逆轉的行動：在幻想中，人們傷害的對象首先是替代者（以其他的親人來替代，如兄弟代替父親、姊妹代替母親、自我的幼兒代替父親或母親，特別是以孩子作為自戀的投射對象，在憂鬱時為了保護母親而要殺害的那個分身；又如代替人犧牲的活祭物），或者退而求其次，進行只傷害物品或動物的破壞活動。

幻想、意圖與實際行動之間最大的不同，在於願人死去的想法可能會自行消失，因為人們可以否認該想法來修正過去不能被承認的願望。但是，潛抑死亡願望卻是更好的作法，因為它保存了願人死亡的思想，而且使該想法再度出現時已經變成另一種認不出來的樣子，以被潛抑的復返而出現。

凡是已經死去而永不復返的，只有唯一的機會繼續存在或復活，就是它們得**靠記憶活著**。復活的能力確實是靠著人的記憶持續的。　34

對報復的控制與記憶的工作之間的辯證，經由潛抑而構成罪咎感運作系統，這個系統裡有許多強迫性的縈念機制。我倒認為，罪咎感的作用完全是由思想產生的，那是一種經過安排的精神病。而所謂的「死亡願望」是絕對不可以說出來的，也不能暗

地裡發願，它只能概略為一種原始的拒絕（rejet）（一種喪權〔for-
clusion〕），我們有必要假設這種排除是有順序的結構，並且啟動了
精神病的想法。這些殘踪因雙重倒轉作用而片斷地表現在強迫症
裡，或者表現在令人不解的衝動行為裡，也就是用直接或間接的
破壞來摧毀人的思考，最嚴重的情況則可能是將殘殺付諸實際行
動。

　　此處，我們極接近焦慮與未知的事物面對面的狀態，就是如
溫尼考特（Winnicott）所形容的在原始苦痛（l'agonie primitive），
焦慮無法被體驗，而且未知的事物也遠不如人們所以為的是死亡
及其再現。未知的事物只是一個斷裂，一道裂痕，類似企圖痊癒
等譫妄的隱喻掩蓋其上。

　　此外，無意識的罪咎感正是從積極的控制中產生的，我在上
文中剛剛對該控制作了說明，並且解釋罪咎感本身與產生罪咎感
的原因為何受到潛抑，因此絲毫不被察覺。要了解暴力為何會出
現，就必須知道無意識的罪咎感是怎麼一回事，因為這樣的罪咎
感會產生兩極化的作用：有時候，它把禁忌推向嚴厲的禁制；有
時候，相反地，它消極地讓破壞物品的衝動任意發作。

　　是故，我們看到，有關殘害性的暴力，罪咎感造成兩種病態
的發展傾向：過與不足。繼佛洛伊德之後，溫尼考特也提及過度
35 的罪咎感、無所不在且壓迫人的罪咎感。[13] 只有當人們找到一個具
體的原因，而且真的犯下一個明顯的錯誤或罪惡時，該罪咎感才

13　參見〈精神分析與罪咎感〉（La psychanalyse et le sentiment de la culpabilité），收錄於《從小兒
　　醫學到精神分析》（De la pédiatrie à la psychanalyse, Payot, 1969），及佛洛伊德的〈因罪咎感而
　　成為罪犯〉（Les criminels par sentiment de culpabilité）及〈精神分析得出的幾種性格類型〉
　　（Quelques types de caractère dégagés par la psychanalyse），收錄於《論應用精神分析》（Essais de
　　psychanalyse appliquée, Gallimard, 1910, p. 134 sq.）。

會減輕。

　　與此相反的，缺乏罪咎感也可和最可怕的犯罪攜手並行。這點上，正如小孩們很常故意犯錯而遭受懲罰，佛氏認為應該把它視作出於相同的動機。但是，溫尼考特卻另有解釋，他認為那是「為了想感覺罪咎感而做的絕望企圖。」（p. 227）

　　佛氏在同一篇文章裡又說，人的道德意識是為了對抗犯下伊底帕斯罪行而逐漸形成的。由此生成的罪咎感不僅僅用各種伴隨而成的禁忌來防止犯下該罪，還用努力參與文化活動來使之昇華。

　　溫尼考特認為，為了讓正面的罪咎感發展，人們必須依序經歷過對母親及父親愛恨交加的情感兩歧，愛與恨必得同時對同一個對象發生，繼而關懷這個對象。

　　在這樣的情況之下，與死亡的關係使罪咎感能以多種面貌呈現。

　　所以，看見別人去世而可能產生的滿足感（這種感覺有時候會產生一些狂躁反應〔réactions maniaques〕），只是因為我們了解：這一次我們免於一死，是那人死了，不是我。但是，察覺到死的人不是自己，也可能引起某種罪咎感，如上文所描述的，這樣的罪咎感滋養著施虐式的刺激而產生以下這個情境：盡力製造痛苦，猶如死亡的前奏；總是針對他人，總是按照一種惡性循環進行。同樣地，使死人（幽靈）復活，或者使他們蒙辱，其實就是在幻想當中，隨我們的意願主宰他們，以便更有能力勝過他們。在想像中或精神上達到自我滿足（精神分析領域裡，以先入為主的想法主導病人和理論的人，就非常欣賞這些自我滿足），於是能轉移想消除真實的父親以及對他的輕視的想法，這個轉移目標的功能也適用於願他人死亡的想法。

36 　　活動的罪咎感一旦與針對死亡的雙重束縛所產生的困境結合，就會賦予妄想症種種具有破壞性的形式，幻覺般的負面力量和有關幽靈的妄想。[14]

　　想像虛構的罪咎感肯定最能造成悽慘的後果，因為它會產生暴力。這種幻想出來的罪咎感使人相信一個主宰邪惡、痛苦與死亡的力量，這也是維持罪咎感的方式。以至於認為罪咎感是邪惡的主因，也是透過這種方法才可能成功地克服罪咎感。

　　根據海德格，罪咎感的另一面——最正面的、與倫理和倫理的評價最有關係的，那就是接受人的不完美，承認人會犯錯而且為它負責，以一種負面的態度（négativité）來處理，為其不完整負責；承擔人的弱點、選擇和錯誤之後，所作出的負責態度就不再有破壞的理由。

　　最後，對他人的關心與憐憫而呈現的罪咎感，愛裡夾雜憎恨情感的罪咎感，以及為了克服憎恨而又有愛的情感兩歧。人們使自我的理想加上一層具有象徵性的關係，他們支持團體內部的連繫，並且透過策劃與實施，以及種種的特質與形式來營造支持一個文化；但在這點上，從佛教的同情到基督教的愛，死亡對人們具有不同的意義：殺死一隻蒼蠅，在東方與在西方有不一樣的涵義。從意識形態上來解釋，我們會看到西方人的殘忍，因為他們捕殺動物，而且是肉食者，完全不同於倡導和平的日本人，務農且傾向為素食者。這是由日本人所做的觀察結論，對他們有利，卻相當令人懷疑。[15]

14　參見拙文〈妄想衍生系統中的父親〉（Le père dans le système génératif de la paranoïa），見《詮釋的要素》（Eléments de l'interprétation, 1980）。

15　參見畢傑歐（J. Pigeot）的文章〈日本人的認同〉（L'identité japonaise），收錄於《爭論》（Le Débat），1983年元月，23。

經過對集體理想的觀察分析，我們來到反省的中心點，也就是最重要的禁忌（l'interdit），各文化雖有各自不同模式，但卻是舉世皆然的律法：「汝不可殺人。」在處理棘手的特例之前，我們先審視罪咎感如何被用來制止殺人。我曾經在拙文〈憂鬱的自戀軸向〉中強調一組三重運作模式，我認為這一模式非常重要。此處必須說明的是，這組三重運作模式所產生的相反效果，非但暴力與死亡沒有被消除，還彼此加強。

一、是故，**修復**（réparation）的需要——克萊恩學派把這視作極重要的工作，強調強迫性且不可更改的思想與行動之間的關係，賦予破壞性的幻覺極大的力量。可是，此修復的需要，可能漸漸使人們依賴一個隨時給予協助、因此變成暴君的母親。

再進一步說明，這個修復的道德教訓就認為所有的**施予**必定事出有因：**給予和修復從此分不開了**，將造成的後果（或者決定性的成見）是主張有權利在損害之後獲得賠償（「人們〔該〕給我，因為他們傷害了我」），甚至等待傷害或者引發傷害。同樣地，除非有足夠的理由，人們不會給予，給予即彌補過失；即使是刻意破壞而造成過錯，以至於需要修復，也在所不惜。人們或者在施予之前破壞（事先的行動），或者在施予之後破壞（集體的行動）。我們於焉看到，這樣的道德教訓所牽涉的點面是很複雜的（我不得不用「道德教訓」這個詞），其中罪咎感引起了許多矛盾的倒置。

二、我們所肯定的是，這一切都合力要使**贖罪祭禮**成為宗教信仰的基要部分。但是人們必須有心理準備，並不一定總是能做

到實際的彌補，因為死人不可能復活。死亡確實是不可逆轉的，除非用代替品來補償，心理的補償倒是做得到的。這個修復的辦法表示後悔，表示有補償的計畫，甚至有適應他人的想法（適應他人的痛苦，在反適應論的嚴厲批評裡，這點被人們過分忽視）。簡而言之，這個做法表示為了他人的愛、也為了對他人的愛而改變自己。即使如此，團體的行為規則比那還複雜，原本為了回應責任感與罪咎感，作出正確評價而採取的懲罰，當人們在良知上找到對方的缺失而施加於其身上時，往往變成虐待他人了。不過，反轉過來，作為自我懲罰時，就是病態罪咎感的病癥；這種懲罰會成為一種強烈的心理彌補方法，可能強到以破壞來自我懲罰。

三、紓解罪咎感的第三種方法是寬恕。最常見的寬恕是承認錯誤（猶如在告解時，下定決心不再犯同樣的罪），它應該會帶來和解。眾所周知，病態的罪咎感有可能變成不停地尋求寬恕，因此會形成一種悖謬的武器，用來對抗那個被要求饒恕他人的人。但此處必須特別注意，對饒恕他人的人而言，這樣的付出及其引發的責任感、寬恕的問題，比對被原諒者還重要，因為這問題必須考慮軟弱、輕佻、公義等等因素，還有必須考慮比一切計畫更要緊的愛的因素。

在結束審視罪咎感的問題之前，我要再次強調性欲與死亡之間的關係。精神分析學已經說得足夠清楚了，性欲上的各種禁忌可能造成最嚴厲的禁欲，但不會使生命直接遭受危險（相反於某些絕不可能潛抑的排泄需要，如肛門排泄需要，即使這些需要的

控制是可以訓練的；飲食的需要倒是可以隨著身體健康狀況的需求或為了某個理念而減少）。這些性欲上的禁忌受到閹割幻想的強化，事實上則是超我在對抗權力爭執時所作出的回答，也就是寧可有性欲禁忌，也不要死亡。透過各種文化上對性所設下的禁止，經由生命裡最大的容忍餘地，死亡就非常適用於贖罪祭禮。但是，當禁忌藉由一種被虐的形式而返回時，性欲禁忌好像還不足以達到贖罪目的，因此需要其他一些致死的行動來加強肉體的苦行。

不過，絕不可誤以為，今日，在留下大屠殺記憶的戰爭之後，毫無節制的性行為已經成為對抗死之焦慮的直接方法，[16]以歡樂的性活動來改變有關死亡的話題，這些都是流行的看法極端推崇的。不論如何，在性衝動以及想獲得性欲的對象裡，性與暴力是分不開的，尤其是性交配（原初場景）被幻想成施虐般的侵犯行為。在這樣的代替行為當中，暴力甚至可以成為唯一的性欲表現，或者當事者用暴力來掩飾無法承認的愛欲。

於焉，精神分析師得知道，在這種情形下，不僅死亡的焦慮取代了閹割的焦慮，反之也成立，這點是眾所熟知的。他們也很清楚，某種類型的性欲將會出現，以對抗死亡與閹割的焦慮。在死亡的焦慮、閹割的焦慮和性欲這三個不同的方向裡，無意識的罪咎感都會用與之相應的方式進行破壞活動。所有的精神分析師都觀察到那些破壞現象。

梳理清楚了罪咎感的源頭及其產生的矛盾作用之後，我們可

16　彭達理斯（Pontalis）指出，精神分析凸顯出性欲的問題，以探索死亡的主題。參考〈論死亡的工作〉（Sur le travail de la mort）與《在痛楚與夢之間》（*Entre le rêve et la douleur*, Gallimard, 1977, p. 242）。

以嘗試整合因罪咎感而產生的各種行為及其破壞特性，並且加以分類。下文中將列出四類。

一、首先，依循佛洛姆的描述，就個體與集體而言，我們識別出一種**惡性的侵略性**；它的特徵是幻想內容非常緊密而強烈，並且其破壞行動非常火爆。但它不是為了自衛，而是為了在傷害他人時獲得快感，尤其當侵略者感覺自己有**權力**主導他人的意識——個人的、人民的或種族的意識；這種權力快感會隨著無止境的叫囂而增加。佛洛姆還認為，這種根深蒂固的、冷酷的、嚴峻的、熱愛技巧的肛門期惡意，會再以「戀屍癖」的形式出現，屆時情欲將以貪戀屍體、對母親的亂倫情結，用一種高超的破壞力量來經歷，並認同死亡。我們還可以再加上一點，即此刻的愛，感覺上是一種缺乏，根本無力承受別人的試探，也無能力讓自己受試煉。破壞的力量與憎恨於焉被用來彌補不可能實現的意圖統御一切的愛。如果我們解析幻想，有時候或可觀察到這種施虐的冷酷，而且某些自足自滿的施虐還會使這殘酷變得深具爆炸性。不用說，這種由暴君具體實現的流程圖，即使限於家庭範圍，對佛洛姆來說，必須與良性的侵略性區分；良性的侵略性目的是自衛，為了保護自己的性命，維護生存與生命；那只是一種肯定自我的方法，不帶有因破壞而獲得快感的惡意。不過，除了惡意傷害的侵略性之外，我們難道不該質疑：單單為了自衛而採用的策略，其所引起的**軟弱**，經常被當作默默地順服強者。此外，我們也沒有忽略：最具破壞性的作法本身還是含有自衛的成分。

二、一種與侵略性近似的情感是人們所謂的**激情**——只對一個

理想作獨一的想法，不論該理想是什麼性質，也絕對不具有破壞性。它的目標在於實現個人一時的興趣，或精神上、知性上的追求；理想的自我所投入的熱情與專注，尤其是絕不包容對於實現該理想的阻撓，必會帶來衝突和暴力，這些是所有的激情本有的。此時，不管是內在的追求還是被公開承認，愛欲必定遭受暴力和死亡。但是，激情也驅使人們開創偉大的事業，或者從事令人興奮的探險。

三、上述的兩種現象結合，加上理想、熱情和破壞，就構成人們的行動目的（如在被頌揚的戰爭裡），而成為英雄式的侵略性。人們在戰鬥時所冒的危險，使他們有正當理由去傷害別人。

四、我們還應該談論一種與前面三種接近但不同的侵略性，這種侵略性趨向死亡驅力的內在化，所以非常接近死亡。為求生存而不得不打仗時，人的內在化侵略性可能迴轉，而加強對他人或對自己的毀滅行動。這點稍後再進一步說明。

以自戀、身分認同的各種模式，特別是以罪咎感所產生的種種矛盾作用為出發點，分析破壞的來源與演變之後，我要進一步擴大探究產生侵略性之挫折感的演化過程，並討論過於簡約的倣同暴力的理論。

對思考死亡從而產生的矛盾，移置於死亡衝動的理論，正如所有的矛盾，會造成精神病，但也可能使人們更認識精神病的發展過程。

是故，我們把握住顯現出來的破壞之關鍵，那是存在於建立社會網絡的眾多神話與各人的幻想和欲望所產生的理想之間的關係裡，這些關係不僅能使團體免於盲目且無組織的破壞行動，而

41

且利用殺傷力的強大毀滅能量來維持團體的和諧，還有助於團體組織對抗外面世界的戰鬥。神話以及用於闡明神話的禁忌，正是由個人與其社會環境之間永不停止的來回互動所構成的。

在我們所關注的這個議題裡，於某些極明確的情況下，**不准殺人**事實上亦含有殺人的命令。除非把非暴力推至**捨身成仁**的殉道者階段，而變成傷害自己的流血侵略性，否則究竟是什麼樣的道德才會造成這麼實際的矛盾呢？

如果為了克服障礙，為了在一個拒絕他的環境裡努力肯定自己，人類雖然因為技術和思考死亡的智慧，永遠比動物更有辦法達到目的，卻也展現出無可匹敵的殘酷。從「良性」侵略性到最兇猛的施虐，破壞與殘殺暗示社會人群關係不僅由超我的禁止監視著，還受到個人與集體暴力活動（由理想與神話疏通的暴力洩洪）之間經常性的互動牽制。

一起破壞，共同殘殺，繼續存在於人的世界裡，許多時候似乎還讓人興奮地期盼著。即使當人類為個人單獨混亂的行動拼命時，他的行動可能會影響群體，因而導致人群的叛亂或者引發集體合法的鎮壓。

一起殘殺這樣的計畫，若沒有被合法化或被賦予價值的話，絕不可能成立。集體行動都是由一個主導人——公認的主人或獨裁者，以突出的理想為前提而召集策劃的。於是，主人與奴僕之間的關係，很可能是主人完全對死亡負責，而奴僕完全負責做事。但奴僕也可能從事更下層的工作，即了結受傷者和不能自保的俘虜的性命，這是主人用來鞏固其領導地位的方法。另外，人們為了表示對主人的愛，急於作奴僕，甚至羞辱自己，以保證他們對

首領的忠愛。是故,在殺害個人時,或者反過來傷害自己時,人們與其主人的關係,可視為他們塑造了一個真實者的理想化形象。這種心態正如用反抗法律、反對他人或拒絕他們所喜愛的,以自我肯定,達到踐躪他們的目的。

此處有必要審視個人的心理狀態與集體破壞之間循環不已的關係。當今,環繞著三個主題,常見這種循環:戰爭、法律上的死刑、以科學方法控制生命的死亡學。

●關於第一個主題,佛洛伊德寫過一篇重要的文章,是他寫給愛因斯坦的一封信,題名為「為何戰爭?」(Pourquoi la querne?)(1932)。值得我們注意的是,為了種種不同的原因(佛氏的政治立場、他認同基督教的理想、他對堅信和平主義的立場有意見,但**不拒絕**,[42-a]在法國很少人知道這文章,因此我們更應該在此提出這篇文章並加以討論。在這篇文章中,佛氏很清楚地指出對戰爭所做的投資當中,會涉及生命驅力與死亡驅力之間的糾纏。他甚至說:「這看起來非常矛盾,但我們不得不承認戰爭可以是一個建立大家殷切盼望的『永久』和平的方法,當然這不是一個合宜的辦法。」(*SE, XXII,* 207)。事實上也是如此,有誰不是為了改變一種不可忍受的情況以創造持久的和平(雖然有時候只得到暫時的和平,如羅馬和平時代〔pax romana〕或法蘭西王國)而發動戰爭?

為了使團體內部的維繫更緊密牢固,對領導者的忠愛及對其理想的愛慕是不可或缺的。一旦與生命驅力結合,死亡驅力與憎恨便能完成破壞,而帶來人們所希望的好的改變。是故,有關**驅**

42-a　中譯註:「若要和平,就準備戰爭。」(si vis pacem para bellum.)

力的「神話理論」（這是佛氏在《英文標準版》文章裡所用的詞〔*SE*, XXII, 212〕）就特別適用於戰爭活動與戰爭理念。各種驅力之間的組合與糾結都為了獲得一個正面的結果；戰爭的目的有的時候達到了，但有的時候也可能帶來失敗與混亂。

佛氏也描述了會強化戰爭團體的各種因素。首先，必須存在著產生「團結就是力量」氛圍的共同利益。結果是團結起來的人群會形成一股力量，代表法律對抗由一個人或少數幾個人製造的暴力。

但這還不夠，還得有共同的感覺，這些共同感覺才是團體力量的真正來源。

我覺得非常需要強調一點，即這些共同感覺是針對政治理想的參與（特別針對一個暫時性的明確目標，以及達到該目標所需的方法），也針對風俗習慣上對文化與宗教理想的參與。我再加上一點，這些理想依據一些以獲得難以置信的目標為主的信仰（如天堂樂園的幸福），傳播著一種瘋狂，而建立眾人的自我彼此之間的認同（「你（我）相信我（你）所相信的，不管那是多麼的不可置信」）。眾人的幻想與欲望集合起來，便使投資在集體計畫中的團結度和能量大大加強。要獲得這難以置信的事物，必定要冒著死亡的危險，而且是可以計算的風險。人類自以為聰明到可以克服它，置身於其中，感覺自己有勇氣對抗敵人。而且，當危險被征服之後，它會激起自我的感覺，加強並鞏固團體的身分認同。今日，人們仍可能發動核武戰爭，即使是為了嚇阻好戰者的軍事野心，而且誓言不輕易先動用核武。如此並沒有排除評估戰爭的風險之後所定出的戰略，不論全面破壞或選擇性的破壞，無論是使用原子武器或約定俗成的武器。尤其當以武力做後盾或執意開

戰的強權國家，與其他國家的軍事力量相差懸殊的時候，廉正的
和平主義者甚至以為在單方面撤武之下，或許有機會看見被武力
戰勝的人民征服了戰勝者。

　　若沒有這些支持戰爭的共同理想，就不可能會發生任何戰
爭，而這些理想需要某些社會條件才能蓬勃發展。首先，貧窮無
疑是團體領導人所提出的行動方案要打擊的對象。其次，社會已
達到某種程度的穩定，有足夠的武裝，風俗也顯露僵化，中產階
級日常生活中的平淡無趣，佛洛姆指出的「慢性的憂鬱──無
聊」，都使人們不得不訴諸戰爭與戰爭的理想。

　　但是，特別要注意的是，在社會運作的整個系統根基上，人
們的意識裡若沒有**犧牲神話**的話，以上那些理論就行不通了。每
當觸及死亡的問題，為了在現實中正視並克服它，或者用精神力
量的激奮來達到同樣的目的，不論是宗教上還是政治上，在特定
的文化結構裡，為了適應環境，也為了符合每個人的幻想，犧牲
神話就會被重新演義；於是，它再次擔任核心神話的角色──之所
以如此，是**因為它的對象是死亡**，以支撐其它的神話（如天堂樂
園的神話）。當犧牲神話有效地使團體中的成員團結起來而共同負
責任時，其它的神話就會起作用，一起贊助人們的集體戰爭行
動。

　　佛洛伊德在回答愛因斯坦的信裡，並未太一廂情願地列舉了
人們可以停止戰爭的方法。佛氏的悲觀──我認為正是他的現實主
義，並不因此摧毀他所堅持的理念，因為佛氏所提出的方法既合
理也不合理（因為具有烏托邦理想），通向非理性，而這種非理性
是人類探討未知的事物不得不具備的精神成分之一。佛氏如此
說，首先要有愛，甚至是宗教上的愛（而且不是隨便一種宗教，

是那個教導愛人如己、如此瘋狂的宗教），一種「不含性欲」的愛；而我再補充：那不是一項義務。佛氏也提到集體的身分認同中，個人之間的關連（這點上文中已經說過），還說到智者們——
45　獨立廉正的思想家，為理性服務而採取的行動。佛氏最後將他微弱的希望寄託在維護文化和平主義上，但他預言說：「只要世界上還有國家想殘忍地破壞其他的國家，那些遭受侵略的國家應當武裝自己以應戰。」「因為人們不應該以相同的罪名來指控所有的戰爭。」（*SE*, XXII, 214）。

　　●不是只有戰爭時人們才團結起來一起殺人。死刑所附帶的一些條件也引發每個人的性欲的途徑與其倫理觀。根據佛氏所說的，死刑的第一個條件：判決死刑的法律乃靠集體力量運作的，這首先表現在具體的運作上，法律也靠團體的一致同意才能有效執行。是故，團體的理念必須為眾人深深認同，譬如：違法者得受懲罰，以保證其自由與責任；沒有這樣的共識，不會出現所謂有意圖的犯罪，而殺人行為就像是精神病所引起的「瘋狂之舉」。[17]由此觀之，人們一方面相信人的性命最貴重，另一方面也承認某些人確實要攻擊這個信仰。最後，從上述的種種矛盾看來，法律上的死刑也應該被視作世俗中非宗教性質的犧牲；因為死刑中的受害者，**雖然是罪有應得**，其遭遇卻由團體無意識的動機來決定，因此變成了**命運捉弄**的對象。社會大眾無意識的動機使死刑犯成了無辜的命運玩物，法律於焉找到它的超驗性。

17　拉普朗西已提出這個邏輯〈形罰的修復與補償：一個精神分析的觀點〉（Réparation et rétribution pénale: une perspective psychanalytique），收錄於《大學中的精神分析》（*Psychan. à l'Univ.*, 1983, 30, p. 211-224）。

●關於由科學控制而發展出來的現代死亡學——不論是墮胎、控制嚴重缺陷的早產兒、或給予患不治之症者安樂死，人們現在懂得使用「會導致死亡的多種藥品混合物」（cocktails lytiques，現在流行用語），社會上不僅不指責為自殺行為，**還像傳統上對戰爭的看法**，認為個人的死對社會有益處。

一起殺人，就是大家同意從事這個行動。這行動不僅靠左右集體破壞的侵略性與具有破壞能力的理想和神話，而且靠每個人內在的罪咎感之活動力或缺乏罪咎感。

佛洛伊德在〈為何戰爭？〉中適時地提醒，如果我們承認向外宣洩侵略性（造成不良的後果）源自道德的起源（即超我），我們便能理解，把具有破壞性的力量對外發洩，有助於紓解整個人體組織，因而產生好的作用（*SE*, XXII, 211）。

佛氏的現實主義考慮了個人與社會之間關係的複雜性，也考慮了集體的理想與神話（其中我特別強調犧牲）和每一個主體的行為舉止與倫理之關係的複雜性，又考慮了主體可能對抗集體的理想與神話而表現出破壞性。主體在抗議的時候反抗它們、僭越它們，他的反抗變成他存在的理由，也成為其個人自由，以見證他想要別的事物和任何人皆可享有自由。

被破壞、自我破壞、自殺

暴力倒轉回來發洩在自己身上的過程，乃循著犧牲意義的滑動而進行，該意義的滑動是有用而會產生結果的，它游移在神話、禮儀的活動和有能力「犧牲自己」之間（目前社會接受的自我犧牲，與犧牲者受到控制自己內在驅力的教育而形成的個性強

弱有關，也與受虐的種種表現形態有關）。

　　我們很想談談最典型的自戀式的自我封閉，表現出來的則是病態的哀悼，尤其是抑鬱症（Mélancolie）。大家都知道這些症狀的活動情形，它們已構成一種明確的疾病。但我們也觀察到所有的抑鬱症裡都出現一個自戀軸。任何一個自殺驅力的核心都是憂鬱，圍繞這核心的構成元素則是自戀式的認同、口腔幻想中的吞噬、面對對象的矛盾心情、釋放死亡驅力的重要性。

　　下文將分析**自我毀滅**的各種表現方式，我們要做的是在一段
47 長時間裡，觀察自我毀滅表現方式在過去所發生的重複情形，或者觀察它們在危機出現時的狀況，以便突出引起自戀起起落落的事件與原因。

　　之後，我們將討論缺乏母愛的議題。這不是指任何形式的缺乏，[47-a]而是那種矛盾的指令，不僅在類比的溝通方式與如數位般的溝通方式之間缺乏母愛，還特別在類比的溝通方式的核心——在抱小孩、撫摸小孩與餵奶的方式（儘管這類的接觸非常頻繁）之間缺乏母愛。

　　自戀的創傷[18]也很重要，因為在現實與回顧過去的幻想之間，主體不斷地重複傷害的辯證，以產生一個危機，也就是領導者、群體、個人的或集體的計畫、戀愛關係或激情等等所持有的主要理想之崩潰。

47-a　中譯註：此為本書作者的理論。類比的溝通模式中，著重形狀、強度、節奏等，與數位溝通模式中，由不可分割的符徵組成。循此，作者提出了「劃界的符徵」（signifiant de dèmarcation）的概念，在前語言時期的嬰兒，心中的種種「意像」（image），等待著母親給予意義。意像、字詞（le moe）和事物（la chose）構成了世界。對應著拉岡所主張的想像、象徵、真實界。欲進一步探究，請見作者所著《詮釋的要素》（*Elements de l'interpretation*）。

18　參看〈憂鬱的自戀軸向〉（L'axe narcissique des dépressions），收錄於《與未知的關係》（La relation d'inconnu, Gallimard, 1978）。

結果是自戀的內在化，一種性欲的返流，按照主體幼兒時期所形成的圖式進行。

這是我想闡明的重點，自戀的內在化會獨自演變成病態的自閉症，或者變成激發人向外尋求伴侶的孤獨感覺，是前者還是後者，則取決於主體與其環境之間的關係。團體以符徵流動的方式，透過理想來彰顯個人。

我們再回頭探討佛氏所認為的法律本源是建立在「團結就是力量」，這次重點放在分析該方式如何影響個人。團結，其實就是對抗那個會威脅團體的人，法律上稱之為犯罪者。

一切教育皆源自母親與家庭的價值觀，然後靠由雙親組成的最小的群體單位來傳遞。父母代表社會上的成人，教育就是把成人的生活方式與思維模式灌輸給孩子。正如團結總是為了對抗外人、少數者（或瘋子）——即那些和大家認同的共同特徵稍有不同的人們，每當一個團體受到威脅時，就必須透過一個代罪羔羊，也就是把集體的暴力發洩到一個無辜者身上，以鞏固團體的凝結力量；做法則有逐出那人（如貝殼放逐）、[48-a] 逐出教會等開除方式。開除的對象必須是一個無辜者，人們也說不出他究竟犯了什麼罪，但關於他的許多傳聞滿街流傳。當一個團體的團結力量來自一種非理性、出於大家共同承擔而分不清彼此的罪咎感、或因為瘋狂、來自於為集體所做的犧牲（每個人為了團體一致性而必須付出的代價）時，它的成員就會更加團結。

小孩子於是得知自己可能會受那個能夠管束他的團體加害。更重要的是——我強調此點：他害怕失去別人對他的愛，這個害怕才是造成自戀式內在化的主要因素。那些他為了保有別人對他的

48

48-a 中譯註：古希臘的公民投票，投票方式是將放逐者的名字寫在貝殼上。

愛而做的犧牲，以及他為了達到該目的而付出的代價，都促使他
更努力地往他所選的方向前進。犧牲倒是有一個正面的作用，即
做出犧牲的人同時會有戰勝自己的快感，甚至到了一種暗地裡自
虐的地步。於是，愛的追求其實才是犧牲行為的基礎。

對外的集體暴力與憎恨，會因人們對其領導者的忠愛而加
強，但是，人們的犧牲與他們對自己的憎恨，事實上是在呼求
愛。

是故，集體與主體之間產生了呼應關係，這關係牽涉了愛，
當然也牽涉了恨，而其所涉及的愛之深度與廣度，已經到了一種
令人難以相信的地步。

社會維護其價值觀，並且要求人們奉守。為了使這些價值觀
更有活力地運作，社會不得不嚴屬懲罰言行獨立者和處於邊緣地
帶的少數人群。

社會懲罰的做法，包括從用法律懲罰違法者到犧牲行動。團
體的威信因此得以加強，而獨裁者的權威得以鞏固。獨裁者在**毫
無理由地踐踏他人**時更彰顯其權威。是故，忠誠追隨他的人們，
因愛他們的領袖而接受他的踐踏行為，因此更加團結。思考獨立
的思想家、社會邊緣人與瘋子（官方指派的精神病科醫師負責診
斷）因此成為現實生活中的眾矢之的，承擔了在幻想中最深沉的
罪惡——殘殺小孩。（參看拙作〈罪咎感與犧牲〉，收錄在《與未
知事物的關係》一書裡）。所有的群體、宗派或國家當中，都看得
見這樣的社會運作，以維護社會的價值觀並且激勵人們遵行這些
價值觀。畢昂（Bion）曾經為極為自由的思維方式下了一個與此接
近的定義，解釋他所謂的「神祕主義」與「**建制**」之間的關係，
論及個人與團體衝突時，有時候會產生創造力，有時候則造成虛

49

無主義；這關係顯然也存在於精神分析學界裡。

環繞著權力所產生的社會的妄想情結**因此變得活躍。當雙重束縛**（例如「要有克服權力的權力」）產生了一種具有破壞性的關係時（畢昂稱之為寄生的關係），在這雙重束縛之中，團體與少數者攜手合作，把後者當作受害者而逐出團體之外。

因為他們之間彼此呼應。我們如果忽略這種共謀關係，會對該現象做出不正確的判斷。當主體是少數人群的時候，因為各種不同的理由，他們傾向強調自己的邊緣處境；或者為了強調其主體處境，使之更加明顯，因而保護它，同時又傳播它（結果是減少了他們的特殊性，而且在民主政治之下，少數人群的非主流地位可能翻身而變成主流地位）；或者為了獲得身為邊緣者可得到的好處與榮耀。那麼，只需要插上合宜的標語，就能獲得發明這些標語的感覺，感到「有創意」並且走在前途光明的大道上。不過，個人妄想的結構會驅使他們捲入社會集體妄想情結當中，激起集體的反應，包括個人被繁文縟節的行政工作壓得喘不過氣來（如畢昂指出的），或者被開除；抑或相反地，把領導人理想化，接受其冒險想法與付出，也認同他所提出的改革或革命。

將代罪受害者逐出團體的戲劇化實際行動，是以幻想為基礎的客觀做法；為了建立或重建佛洛伊德所說的團結，這幻想玩著團體與代罪者同謀演出的罪咎感和心理上的犧牲。在古老的神話已不存 50 在的情形之下，當一個團體受到製造混亂的暴力威脅，人們必須召集一切的信仰力量以保護該團體時，他們就會採用這種作法。

我們將在下一章中看見，神話中的**犧牲有其歷史起源**，而且該起源本身也來自其它參與了戲劇活動的神話——更準確地說，參與了與神聖有關的活動。

　　現在再回頭看我們所思考的自我毀滅行為，上文中的說明應當能幫助我們了解自戀的內在化（其最嚴重的病癥是抑鬱症，以及因憂鬱病發而產生的暴力表現），它的焦點就在這個根本的雙重束縛：「為了活著，必須死去」。社會的種種運作方式導致個人的孤立，及社會邊緣人因之而產生的反應，更容易造成自戀式的隱居，使人更容易發洩內在的破壞衝動。破壞的目標則是兒童或一個內在化對象的理想化形象，於是，死亡便藉著死的孩子和死的父親之形象出現。

　　在雙重束縛的主宰之下，「殺死死者」的計畫（經常被用來治療抑鬱症）可以從幾個不同的方向來執行，而且不排除最不合常理的方法，甚至可以針對憂鬱病者來進行。因為對患者而言，事實上只有他自己的死才能夠真正觸及那個內在化的客體對象。不過，在某些高度危險的活動中，「殺死死者」也可能與向死亡挑戰混淆。強迫性神經病患者則用思想來掌控死亡，把它與性欲連在一起，企圖用轉移性欲的種種形象來消除欲望。

　　殺死死者也意謂著犧牲自己內在已認同的一部分快樂，也就是說，將那部分快樂定交給死者，交給他與死者共同擁有的過去；如果消滅自己內在的這一部分快樂，殺死死者便意謂著以贖罪方式強迫自己捨棄來使死者活著。犧牲模式因此倒轉過來。於是，人們常有的只是對自己的哀悼，這叫人難以接受，卻又永遠持續下去。

　　從另一個不同而且相反的角度來看，那是內在化的邪惡（kakon），也就是引入自己裡面，並使之變成自己一部分的惡魔般的成分。主體永不停止地重複這個途徑，在一間閩室裡（亞伯拉罕〔N. Abraham〕與托厚克〔M. Torok〕稱之為隱窩）儲存永遠

不變的回憶——鎖定的而且與生命其他部分沒有聯繫；在死去的孩子之石化下，生命繼續下去。

我們把這個現象與格林（A. Green）[19] 所描述的「死去的母親情結」並列比較。該情結是由母親的憂鬱病引起的，而且我認為透過主體的母親及其妻子之間的關係，有關對母親的社會與宗教理念做出會導致死亡的僭越並且將其傳給他的妻子的這個現象，該情結引發一個非常有意思的問題。

但肯定有一條辯證路徑可以殺死死者。精神分析學特別用言語（parole）、否定性（即否定原始的否定——就是那個已經注定的死亡）來完成這條辯證路徑。用言語是因為精神分析向他人（l'Autre，大寫的他者）發言，所以能夠敲開上文中提到的闇室之外殼，改變人的經歷及其過去，為生活帶來不同的面向以及行動中的未知事物，並且把回憶從主體靜止如死的狀態中釋放出來，任由欲望取用和移動。

從這些形象出發，我們也許需要分辨心理的活動過程，以說明自我破壞與死亡並不具有相同的功能。我們進行分析治療時得將這點列入考慮。

●我首先要說明的是一種**致命的氣質**，性格的神經官能症、邊緣性狀態、命定的精神官能症、犯罪等都有這種氣質。以上所列舉的狀況都是明顯的表象，都是一種行為以令人不解的方式，頑固地不斷重複，顯出破壞性的思維所引起的災難後果，是顯現在他人面前的客觀結果。最後這個破壞舉動並不一定經過三思，也

19　〈死亡的母親〉（La mère morte），收錄於《生之自戀，死之自戀》（*Narcissisme de vie, narcissisme de mort*, Ed. de Minuit, 1983）。

不一定關於某個被要求執行的計畫。簡簡單單、**毫無意識地**，人內在的整體運作就這麼被動搖了。其破壞舉動對外在環境造成無法解釋的災害，我們說那是人之性惡。危險、各種運動、風險大而沒有希望的戰鬥等都具有一種促使人們走向同一地點的吸引力。所以，別人的不幸，似乎只是已經俱有的不幸再度增強罷了。

52　　在人的心裡面，主宰一切的可能是矛盾與痛苦，內在各種聯繫所遭受的攻擊會摧毀思考，暴力造成的精神病發作時刻就特別頻繁。

在某些病例中，人體的官能毫無理由地獨自發展，最後變成一些疾病，如癌症或高血壓。這種現象，有人（羅倫斯・樂山〔Laurence Leshan〕）以為能夠用統計數據畫出生命曲線圖來證明——人生的理想時期，隨後是受到癌症困擾而無法解釋的幻滅時期。[20]

從上述的現象中可以找出主體對（真實的或幻想的）**壞母親著魔的認同**，也許我們會同意，有這個壞母親總比沒有母親好，又因為**孝順的作用**，這個惡母親在主體內心所形成的邪惡裡就變成了好母親。我要強調，從此之後，死亡的權柄就交給她；對主體而言，這是最終至上的目的。他對理想化父親（還混合了陽具母親與合為一體的雙親）的固著包含了這惡魔的身影。

某些與此近似的變態（如同性戀，或者施虐—受虐狂），源自主體所攻擊的對象**搖擺不定**——時而攻擊父親，時而攻擊母親，總之他們是兩個被仇恨的對象。主體自其父母身上取得武器來攻擊

20　參見夏提耶（J.-P. Chartier），〈生命，在死之前一無所有〉（La vie: rien devant soi），收錄於《地誌》（*Topique*, 1973, 30, p. 122）。

他們，以至於在他們個人的弱點上造成特殊的傷害。

●我接著要用**死亡理想主義者**來與上述致命的氣質的各種表現形式對照。這組成員當中已經把關係反轉了：這次是有意識地加強了邊緣人的處境，它被深思熟慮過、積極活動過，並且賦予死亡一個正面的涵義。實際上，這樣的作法，如某種否定神學，與精神分析對於死亡衝動的探討殊途同歸。根據佛氏本人的說法（上文中討論〈為何戰爭？〉時就說過了），他承認死亡驅力是一種生命動力，但它干擾了人體內的平衡，漸趨於惰性，又支持人內心的分離活動，清除心理垃圾，使人得以釋放。所以死亡驅力 53 反抗命令；為了進入當今流行的道德觀念範圍裡，它們會消弱生命力，把享樂主義與性欲降為必須遵守的義務。我把那些道德觀念稱作**受感官控制**的理念（如性欲、童年、享樂主義、身體，請參考拙文〈為理想所引導的精神分析〉〔La psychanalyse idéaloducte〕，《精神分析新期刊》〔*NRP*〕, 1983, 27）。

悲觀主義、不看重財物或遊走四方，人們反抗的方式多到甚至做出煽動之舉；種種抵抗的方式當然都隱藏著挫折感與幻滅。靠近死亡或許會帶給人們重要的安慰，而自殺的可能性有助於化解面對未知事物時所感受到的焦慮，幫助人們克服敵對性，甚至有能力完成豐功偉業。是故，無政府主義、自願離群索居和保持清醒的意志，都會幫助個人在最惡劣的生存環境中存活下來；如果缺乏上述的條件，必定勝不過惡劣的環境。因為死亡驅力有助於維護生命，所以經歷了一個倒轉而被美化了。另一方面，按照常理，美輪美奐的生命理應被人頌揚，它卻掉入反面，現行的生

命價值觀因此被否定、嘲笑。

這種在邊緣性的倫理考量之下而觀照出的心理結構，精神分析師應當按其面貌，接受它具有建設性的正面功能。[21]

即使如此，死亡理想主義不應該被忽略，它可能被投注到某種神祕主義上，為了最不公義的理由，招集信徒披上引發可怕回憶的黑色制服，去拋頭顱灑熱血。為了使人們看得見神祕主義的理想，死亡理想主義也採取致死的行動（如前文中所描述的），並且加上一個求生的需要，總是要求一個「生命空間」。人們因犧牲而變成英雄，犧牲從此便與環繞著權力的社會妄想情結建立關係；這個現象也是靠少數者的共謀才能完成的。

最後，一種新型的同流主義也引用了這種犧牲意識：只需要在某種程度上屬於邊緣族群，就能使「我愛他」這基本單位（佛54 氏認為是妄想症的核心）[53-a]建立使人確信不必追求就擁有真理的信心，同時維持著被迫害的報復。

●儘管如此，精神分析的思想用死亡驅力繼續冥思；這冥思源自古希臘，經歷浪漫時期、黑格爾、叔本華（真正啟發佛洛伊德的哲學家），直到海德格。

為了使冥思完全內在化，主體必須做到不再受外在偶發事件的影響，並且也不受屬於任何一個傳統的「焦點」神話左右。內在化甚至也對驅力這概念多所貢獻。

於是，從焦慮出發，為了使死亡顯現為絕對的主宰，必須轉

21　參見薩茲曼（N. Zaltzman），〈無政府主義者的驅力〉（La pulsion anarchiste），收錄於《地誌》，（Topique 1979, 24）。

53-a　中譯註：見佛洛伊德1911年的史瑞伯大法官（Schreber）個案中，討論妄想的機制與同性戀的章節，例如：我（身為男性）愛他（男性）→我不愛他→我恨他，因為他迫害我。

移地點並且更換世界（黑格爾寫道：「人確實意識到焦慮，但不是針對某事某物，也不在某時某刻，而是針對他的本質之整體感到焦慮，因為他對那位絕對的主人——即死亡，身懷恐懼。」《精神現象學》〔*Phénoménologie*, I, 164〕)。他繼續寫道：「……無意義的死亡，即缺乏自我圓融飽滿的否定，在人的內心裡變成絕對的積極性。」(*Ibid*, II, 139)。他又說：「死亡是由生命承載的，生命甚至是在死亡中維持下去的；死亡是精神的生命。」(*Ibid*, I, 29)。

思想使人們能夠熟悉死亡，在佛氏所建立的死亡驅力理論中，這份熟悉感位於理性與瘋狂的交集處。於是，破壞或者是促使演化的能量，或是惡魔般的恐怖；自殺或者是一種疾病，一種人面對理想時產生的狂妄自大之自戀病，或者是一個哲學上無法克服的難題。

從歷史角度來看，自殺其實具有使人反省的價值，而這絕對不是偶然的。雖然基督教信仰裡禁止自殺，自殺仍舊頑固地穿越時間長河，今天的文化中還存在著自殺行為。

希臘人的理性能力燦爛地發展，到了眾神們與城邦所定的法律都無法抑止的地步。他們有能力說出神話的數字，但當犧牲無可避免地逆轉回到個人身上時，他們的理性卻在涵藏弔詭意義的自殺當中，涉及了他們的思想導師；根據這弔詭意義，一個超凡的人可能被封為聖人，但相反地，人們也可能因理性而對所有的神保持最大的距離。我們在學校裡讀到一些先賢榜樣：恩培多克勒（Empédocle）、蘇格拉底（Socrate）、德摩斯甸尼（Démosthène）、卡同（Caton）與西內克（Sénéque）都是有德之人的典範，他們提出關於理性與非理性、超驗性與未知事物之間

55

的關係這些問題，因而成了世人的榜樣。

　　源自法國大革命的浪漫主義也採用該神話——主要是基督教神話。而且自黑格爾以降，人們自由自在地思考死亡，思考人類彼此之間的衝突、最早的大屠殺、興奮的自殺行為、克萊斯特（Kleist）與其女伴的自殺，以及思考為了回應法國大革命中的被犧牲者，繼法王、丹頓一家人（les Danton）、聖朱斯特（Saint-Just）與羅伯斯比爾（Robespierre）之後，卡洛琳・俊德洛德（Caroline de Günderode）的自殺。

　　當代歷史中的超現實主義與精神分析學，對傳統神話特別作了評論，並且堅持繼續探索該領域，或者繼續翻動傳統神話的基層結構；應該也會面對發生在兩次規模最大的戰爭中之自願赴死者的議題（例如李構〔Rigaut〕、克雷維爾〔Crevel〕或杜培〔Duprey〕甚至是陶斯克〔Tausk〕，這些是最著名的例子）。[55-a]

　　現在，個人與集體的破壞行動所含的意義，與以前的大不相同，我們應當討論。毫無疑問地，有必要研究各個國家中和其政治制度中，在性解放與暴力的抑制或強化之間，可能存在的共同點與差異點。

　　我已於上文中說過，在人們的思想與行為裡，死亡就是雙重束縛的基本軸，也就是當人們內心結集了所有的必要條件時，精神所能夠翻轉的那條線、那道鋒面；抑或，相反地，精神能帶來一些會產生好結果的變化。

55-a　中譯註：李構（Jacques Rigaut, 1898-1929），法國超現實主義及達達主義的成員，生前常宣稱要自殺，三十歲時果真自戕成功；克雷維爾（René Crevel, 1900-1935），與超現實主義過從甚密的作家，三十五歲時選擇開瓦斯自殺，認為這是最正確、最終極的解決方式；杜培（Jean-Pierre Duprey, 1930-1959），超現實主義運動中的詩人；陶斯克（Viktor Tausk, 1879-1919），早期維也納的分析師，以研究精神分裂中被機制控制的妄想而著稱，自殺以終。

一位叫作赫德林（Hölderlin）的德國詩人，因著他當時的歷史條件及他參與了他那時代的思想活動，也因為他的家庭背景（如拉普朗西〔Laplanchc〕指出的：父親喪失權利，以及貝爾多〔Bertaux〕指出的：現實生活中的壞母親），能夠奇蹟地藉由他的詩作與其日趨惡化的精神病所交織而成的糾結困難之處站立起來。他本身就顯明了雙重束縛分配的情形，及這雙重束縛彼此相抗。 56

赫德林在其詩中說出並且活出此雙重束縛。與眾神比較起來，他確實親身體驗了雙重束縛在類型上的轉換，他也的確看見了他個人的悲劇。

「人卻無所懼地站立，他該如此

以單獨立在神面前；以單純保護著他

不用任何武器也不耍任何

詭計，與沒有神助同樣漫長」

（摘自〈詩人的志向〉〔Vocation du poète〕，摘自米雪爾‧德繼〔Michel Deguy〕
編輯的海德格之作品《赫德林的方式》〔Approche de Hölderlin, Gallimard, p. 35〕）

死亡是赫德林作品的酵素，這點在他的《恩培多克勒之死》（La mort d'Empédocle）的三種版本裡特別明顯，這部作品是他表述其心路歷程的最高潮。恩培多克勒先被奉承，後被遺棄，在被人民指控，說他想要取代他所拆除的眾神而自封為神之後，他又被人民承認。但是，他轉身離開他們，離開他的門人柏扎尼亞斯（Pausanias）；他爬上艾特那山（l'Etna），選擇死亡。

然而，赫德林的第三首詩卻在安裝多克勒死前突然中止。赫

德林與恩培多克勒不同，他在真實生活裡並沒有選擇死亡。我們
可以說，他為了引退消失而選擇溶解思想，只想使自己靠近那個
為了死的存在。海德格認為，赫德林沒有把自己從破壞中釋放出
來，他沒有阻止自己把死亡當作一種心理狀態——那多年來與瘋狂
混淆的心理狀態，這個為死存在並沒有消解自殺的可能性。雙重
束縛以非常奇特的方式，使赫德林在最靠近思想死亡之處展開並
且揭露他的創作，而與此同時，在他本人的私生活裡，雙重束縛
卻使他的知識面貌極其晦澀。貝爾多在1983年出版討論赫德林的
精采論著，其中他浮光掠影地提到反傳統精神醫學、雙重束縛的
作用與壞母親的角色，[22] 卻忽略了導致雙重束縛造成傷害的條件。
根據拉普朗西的看法，這些條件包括赫德林的父親在法律上喪失
權利，以及週期性的「二項式的辯證」，即拉普朗西所謂鏡中種種
對立的自戀式「移轉」（在吞噬／吐出及全部／虛無之間運作轉
換）。[23]

57

　　死亡的意願已深植人心，人們也記取了這個哲學思考與精神
分析學的研究成果，從而**變成思想上化作行動的犧牲**，回應了一
個已經過時或消失中的犧牲神話。因此，有必要審視這個犧牲神
話可能重新呈現的各種形象，因為個人與集體的破壞行為便是根
據這些形象來結構或解構的。本書採用的犧牲典範是基督教的，
這個宗教信仰兩千年來主宰著西方文明，即我們的文明。生命驅
力與死亡驅力的特殊混合作用，也是由基督教傳播、維持並發
展。這信仰宣告：「神就是愛；住在愛裡面的，就是住在神裡

22　參見貝爾多（P. Bertaux），《赫德林或詩人的時光》（*Hölderlin ou le temps du poète*, Gallimard, 1983）。

23　參見拉普朗西（J. Laplanche），《赫德林或父親的問題》（*Hölderlin ou la question du père*, PUF, 1961）。

面，神也住在他裡面」（《新約》〈約翰一書〉第四章16節），又說：「人為朋友捨命，人的愛心沒有比這個更大的」（〈約翰福音〉第十五章13節）。但它也宣告：「並且時候將到，凡殺你們的，就以為是事奉神」（〈約翰福音〉第十六章2節），尤其是：「你們不要想我來，是叫地上太平；我來，並不是叫地上太平，乃是叫地上動刀兵」（〈馬太福音〉第十章34節）。以上的規勸之高潮是：「得著生命的，將要喪失生命；為我喪失生命的，將要得著生命」（〈馬太福音〉第十章39節）。

可是，為了確保這個張力可以達到神話的背面，不得不經歷一段探索的過程——我並沒有忽略該過程中會遇到的挑戰：「死啊，你得勝的權勢在哪裡？死啊，你的毒鉤在哪裡？」（〈哥林多前書〉第十五章55節）。條件是必須知道這句話的出處及其脈絡（我倒是讀到一篇精神分析專家所寫有關這個主題的文章，文章中一點也沒有提到這句話），使人們置身在從破壞基督教神話而發展出來的**無神論**環境當中、在一種未知的關係裡能夠思想死亡；理性探索未知的事物，但也不排除瘋狂與非理性。

這探索的過程豈不也是一個不斷被挑起、卻不可能為人通盤 58 承受的挑戰？除非出現了新的神話——我們在佛洛伊德的筆下已看見它們的萌芽；每當人們討論死亡的時候，那些神話就會復活，我們必須隨著它們的出現，隨時偵測出它們的存在。

【第二章】犧牲的功能

　　探討犧牲的功能時，必須先說明一些事。首先，我們只研究 59
犧牲最主要的形式，換句話說，在集體直接的——或者集體潛在的
行動當中，用處死結束一個人的性命。其次，不論為了什麼理由
——有用途的理由、出於衝突或者防衛，那些參加犧牲祭禮或在祭
禮中行刑的人，會看見受害人是無辜的，或是顯得異常虛弱（其
無辜或虛弱有時候很明顯）。對那些與受害人有關係但從此跟他斷
了關聯的人而言，為了使受害人成為具有神聖光環的源頭，具有
神話意義與社會價值，將來受到人們紀念，為團體的未來與集體
共同行動提供永不竭盡的靈感，受害者給人的這種印象尤其明
顯。

　　我純粹以精神分析的角度來研究這個主題，也就是說，我的
研究是根據臨床治療經驗，也按照某種思考方式進行——只專注於
當今西方文化中，與我們同時代的精神分析家所表達的想法與欲
望。

　　因此，本章並不是從人種學或歷史學的角度來審察問題，這
兩個研究方向會把我們帶到世界各地，各種並非我能力所及的語
言和文化環境，而其所牽涉的宗教與信仰，也不是那些求助於精
神分析的人所信奉的。

　　犧牲以三個要點呈現： 60

（一）它出現在個人意識與無意識的幻想之中。這並不是說，集體

的幻想就不在我們的討論範圍之內。正相反地，即使死的欲望是在個人最私密、最隱藏的幻想世界裡，或者在最少人參與的幻想世界中演出，集體也是我要研究的對象。

（二）一個被公開承認的信仰中的宗教神話（一直作用著，而且此時此地還作用著）必定含有犧牲。犧牲也可能見於一個迄今仍然影響人們思維方式與品味的信仰；該影響是觀察得到的，或者相反地被人丟棄、否認，但是它一直還作用著。關於後面這點，集體性就特別明顯。我認為我們的日常生活受三個主要的一神教主宰，而這三個宗教的教義以及它們在精神上與道德上所展現的活力，都繫於一個犧牲神話之上。下文中，讀者將會看見，我們再怎麼強調每一個犧牲神話中異常特殊的形象所具有的強烈效果也不為過，因為這些形象確實左右著個人的行為舉止和選擇，甚至人們都不知覺。

（三）最後，我們應該探討，在不久的過去與現在，團體針對個人或一個被排斥的少數群體，所實際施行的犧牲。這一點非常重要，因為當今社會中的重大變化，如極端行為受挫，或如由群眾發起可能成為新興宗教和信仰的組織，都是由它決定的。正如事實所證明的，這些社會現象會使一些人感到害怕，卻又是另外一些人所希望發生的；它們製造幻想，而且造成集體將幻想付諸實行的危險。犧牲能夠影響目前還不得而知的潮流之產生及其發展，在這樣的情形下，犧牲未來的發展是無法預知的。

上述的三個場域肯定彼此相通並且互相交錯，我們卻不得不61 分辨它們，才能研究個人內心的運作與社會心理學之間的結構；

我們在這方面的觀察與分析，乃紹承佛洛伊德在《群眾心理與自我的分析》（*Psychologie des foules et analyse du Moi*）裡的精神，塞吉·莫斯寇維奇（S. Moscovici）在其論著《群眾時代》（*L'âge des foules*）裡，已對該精神作了精闢的分析，他也繼承了這種精神。[1]

有關這方面的研究，我個人已於1966年發表《論父親》（*Du Père*）；1967年發表《宗教神話中的三代人與家族系譜》（*Trois générations d'hommes dans le mythe religieux et la généalogie*）；[2] 1974年發表《罪咎感與犧牲》（*Culpabilité et sacrifice*）；[3] 1978年發表《難以置信的事物所具有的分裂》（*La scission que porte l'incroyable*）。[4] 我在本書中將繼續探索。

從那之後，何內·吉哈爾出版的著作在法國造成廣大讀者對犧牲有了某種看法。這個看法最精采的部分——特別是關於傲同欲望的鏡映侵略性、關於與認同侵略者、關於手足之間的鬥爭，以及關於象徵的約定，應該歸功於精神分析的啟發，不論是佛洛伊德學派還是拉岡學派的啟發。[5]

但是，必須說明的是，何內·吉哈爾曾經表明他拒絕精神分析。他不僅不承認精神分析的源頭，也否定有關身分認同的心理機制所涵藏的多樣性與複雜性；關於某一宗教信仰之基礎神話中的暴力問題，他也否定弒父情結。此外，當基督教的犧牲被剔除

1　法亞出版（Fayard, 1981）；參見我對該書所作的評論〈勒彭的群眾心理學與莫斯寇維奇的群眾時代〉（Le Bon, psychologie des foules et Moscovici, l'âge des foules），收錄於《大學中的精神分析》（*Psychan. à l'Univ.*），1982年九月第二十八期，687-698頁。

2　收入拙作《象徵的評論集》（*Essais sur le symbolique*, Gallimard, 1969）。

3　收入拙作《與未知事物的關係》（*La relation d'inconnu*, Gallimard, 1978）。

4　收入拙作《詮釋的要素》（*Eléments de l'interprétation*, Gallimard, 1985）。

5　參見拉普朗西的評論〈犧牲：一個洩漏的神祕·關於何內·吉哈爾的《代罪羔羊》〉（Le sacrifice: un mystère éventé. A propos de *Le bouc émissaire* de René Girard），收錄於《大學中的精神分析》（*Psychan. à l'Univ.*），1983年三月第三十期，315-320頁。

之後，他同樣也否認其宗教性。

讀者將在本章中看到與何內・吉哈爾不同的觀點，我們的看法乃是紹承佛氏的想法。我將按部就班地呈現犧牲的各種向度。

在這之前，有必要把人們對犧牲的兩種行動傾向或兩種態度分開。第一種態度認為先有殺死或逐出代罪羔羊的人們，他們是主持獻祭的祭司或執行者；第二種態度是，那些自認為是受害者在精神上的繼承人，彼此組織起來，這些人的身分認同以及集體理念，與第一種的很不一樣，於是產生了新的宗教和政治勢力。不過，雖然恐怖分子與肆意破除傳統觀念的人，經常試圖以個人行動取得集體對他們的支持，上述犧牲的第一階段（犧牲的執行），不一定會帶來第二階段（受害者的繼承人形成一個新的勢力）。因為事實上，這些人的破壞行動計畫經常遭挫敗。我們在研究分析過程中，將會考慮剛剛所闡明的兩種態度。

罪咎感的處理

執行犧牲的過程中，最重要的是「處理」罪咎感。此處，處理意謂實地執行，這可能是一個改造的工作，也可能是一種加工製造（如同對一種材料進行加工）；處理同時也有集體治療的意義。

犧牲為除去我們所謂的「文明及其不滿」提供了解決之道。佛洛伊德很明確地說明，在超我的結構裡、在將自我的侵略性內在化方面，以及在罪咎感增加（表現為無意識地需要懲罰）情況中，放棄驅力是很重要的，特別是放棄侵略性。另外，我們知道兒童對愛的需要，促使他因自己對父母懷有侵略破壞的意念而感

到罪惡，又使他為了重新獲得父母的愛，於是用取悅他們的約束行
為來懲罰自己。這些論點，佛氏在其1929年出版的書裡，[62-a]已作
了分析和解說。

　　罪咎感要求人們承認他們必得為一個過錯負責。在人的企圖
僅僅是為一個行動作準備的情形之下，意念當中所有被考量的因
素，都與罪咎感有關。我們於焉看見，能引起邪惡思想的事物具
有何等的力量。如果把這個結論稍作引申，便在語義上得出一個
重要的移位：如果思想能挑起邪惡，它也能使邪惡擱置。在困境
中，當外在因素造成的痛苦纏累人心時，人的精神就會靠思想的
力量，以種種複雜的方法，來阻止痛苦造成悽慘的後果。我將說
明這些方法，它們經常逆向進行，因此會產生互相對抗的作用。　63

　　第一種作法是，當不安與焦慮增加到了令人無法忍受的程度
時，為了某些社會理由或個人原因，人們會打擊那些使不安和焦
慮更加惡化的因素——那些起因與作用都無法定義且無法觸及的事
物，將它們推向一種在意識層面上的罪咎感，把無意識的罪咎感
放到犧牲上面，放入每一次贖罪祭禮舉行的過程中。

　　使罪咎感合理化，就是要求犧牲的受害者被視作**無辜的**。於
是，人們用來定罪他的理由就必須夠模糊，來自傳聞；還有，受
害者的**虛弱**使他任由團體的力量毫不留情地處罰。犧牲執行過程
中所顯露的不公義，還是在人們可以容忍的範圍之內，甚至執行
犧牲的人也能忍受。從這個層面來說，罪咎感早已心照不宣地產
生了，至少是暗地裡，而且總有可能再被人們意識到。

　　由此觀之，藉由犧牲來疏導的罪咎感，可用兩種方式來緩

62-a　中譯註：指《文明及其不滿》。

和，以達到不同但相關的目的。第一種方式，透過集體的運作，即大家共擔責任；第二種方式，當人們看到其他眾多的團體也有與他們一樣的幻想、不安、解決辦法、行為反應，他們就不再感到自責了。

特別是與理想化父親——領導人建立關係方面，這是一種愛的連繫，使每一個信徒在非常信賴領導者所提倡的理想的情形之下，認同團體中的其他成員。這麼做表示**個人犧牲了其理性**，以服從為達目的而不擇手段的集體目標。結果是，人們把對處死犧牲受害者該負的責任推到領導者身上：人們對領導人的效忠使罪咎感歸到他身上，因此使每個效忠者的罪咎感得以紓解；這些人只需要服從並且執行領導人的命令。這樣的移情卻使領導者肩負重責：嫉羨（l'envie）會因為成功而被愛所潛抑，但在失敗時會重新燃起，這時，再次被挑起的嫉羨會變得具有破壞性，眾人指責領導人，於是他一個人成了集體的犧牲品。

64　　此外，犧牲的執行還具有投射性，也就是說，思想以其無所不能的方式，相信能夠藉著將惡轉移到代罪者身上，或把他逐出團體、趕出國境之外（如同希伯來人將他們的代罪公羊逐出城外），或用死刑把他徹底消滅，以脫除一切的罪惡。但是，徹底消滅犧牲品並不能使人們信服，除非犧牲行動所引發的罪咎感能夠找到承受者。

因此造成了一個結果：犧牲所引起的投射使人們對受害者產生認同；人們對受害者的指責其實與每一個人有關，因為事實證明，個人的瑕疵或缺失，甚至他表現出來的單純的差異，都會被解釋成不參與集體的共同命運。事實上，受害者不可能毫無瑕疵、完全無罪或者沒有人性：人們若果真期待這種完美，那麼這

麼嚴厲的要求只會讓人看到代罪者的缺陷，這豈不令人懼怕嗎？
正是在此點上，領導者與代罪受害者之間建立了一起一落的關係。

　　除此之外，受害者本人也可能獲得一個令人讚美的地位，因
為需要懲罰，也因為自戀的期待，而被邊緣化，所以他獲得因遭
受壓迫而得到的聖人榮耀，這分榮耀使他暫時處於領導人的地
位。

　　我們於是看見，**犧牲是對抗不安的有效方法，因為它既能夠
激起造成不安的罪咎感，又能緩和之；既能固定罪咎感，又能轉
移之；並且以想像及不可逆轉的行動使罪咎感變成具體的事實。**
我們將會看到，暴力也因此被轉向外面的世界。還有，在聯盟的
集體行動中，每一個成員對他人（受害人、領導人或者團體之外
的敵人）也懷有這種罪咎感。

　　我們還應該探討祭司們與受害者的繼承人之間的罪咎感變化
過程。先看犧牲執行者，完成犧牲帶來一個集體的好處，因為人
們從此擺脫了一種游移不定的罪咎感，它卻在犧牲執行時找到一
個明確的目標。但是，我們得考量這份使所有祭司將來彼此連繫
的**債務**：他們對受害人的投射認同，使他們涉入一個計畫，那是
一個由領導人提出的理想；為了完成這個計畫，他們不僅接受犧
牲理性，而且在一場必須憑智勇全力以赴的危險戰鬥中，他們也
接受犧牲個人的性命。是故，代罪受害人的犧牲祭禮一旦完成，
個人的與集體的犧牲所產生的作用會表現在三個場域上：理性
上、驅力的限制上、受到威脅的生命上。考慮每個人的性格，在
那些支配人們的教義中犧牲形象的誘導之下，或者為了良心的安
寧而付出代價，人們就必須在上述三個場域當中的某一場域上找
到平衡點，也就是用阻止其中一個場域來釋放另一個場域。

65

在受害者的繼承人方面，他們已宣告了受害者是無辜而虛弱的，因而心中產生了極大的罪咎感。他們或者將罪咎感歸給執行犧牲的人，或者如同基督教裡的每一個信徒，因其犯罪，每個人都得為基督的死負責。

關於人認為自己有罪的敏感度，就是從此點開始發展的。一種強迫性的微妙，會辨別已經完成的行動背後的動機，然而，一個意念的出現，不能因為承認該意念的背後動機，而把承認動機與承認意念混淆。有一種以微妙的方式表達的決疑論，甚至會把罪咎感與**忽略**連在一塊：沒有盡到憐憫人的義務、沒有幫助他人，在別人困乏時，沒有**一開始就信任他**，這些都是為道德所指責的缺失，也是在人們無意識的罪咎感中，社會之所以不安的基本肇因。

與此同時，人們也知道使用**道歉、贖罪祭、言和**與**饒恕**來對抗此罪咎感。精神分析家並沒有忽略這些方法所用的各種策略，特別是第一種方法，克萊恩學派特別重視它，並且以它作為憂鬱的最佳的，或者說是道德的出口。[6]

討論至此，我們必須強調的，首先是祭司與受害者的繼承人，確實像同一個系統裡兩個互相彌補又彼此需要的零件般地呼應；祭司們獻上犧牲品，因此製造了受害者繼承人，但祭司們卻無法從他們的計畫脫身。

我們於是有了以下看法：犧牲既維持罪咎感，也緩和罪咎感，更準確地說，犧牲能疏導罪咎感。犧牲因此提供給罪咎感一種形式，以及構造這個形式的形象。如此一來，猶太─基督教文明

6　參見拙作〈憂鬱的自戀軸向〉（L'axe narcissique des dépressions），收錄於《與未知事物的關係》（La relation d'inconnu）一書中。

能夠把它所做的探險與發現推展到極致——主要是科學領域，在這領域裡，不論是獲得璀璨的成就，還是遭到慘痛的失敗，人們都用嚴謹的思考與實驗來試煉他們的責任。可是，人類的計畫最終抵達了一個限度，科學與技術可能會用它們本身的力量，使得人類無法再控制它們，也無法再為其負責任。

我們將會了解：為什麼問題不在於人們為不准殺人這條基本禁令加裝上犧牲神話，（儘管犧牲的起源說仍然是推測的）。認為犧牲是為不准殺人而設的看法，事實上出自於一種假設：起初，人類在原始狀態之下是邪惡的，文化與宗教帶給人類預知的智慧，也帶來連結眾人的愛。可是，精神分析和觀察兒童所得的結果，卻得出另一種看法：人一出生，情欲——生命的驅力就開始活動了；嬰兒不是只有仇恨，他也期盼獲得愛的關係。不過，死的驅力也在人一出世就開始活動；就這點上看，人之於人，一如惡狼（敵人）之於人。[66-a]佛洛伊德很精準地觀察到，**罪咎感正是源於生之驅力與死之驅力的互相衝撞**。

在宗教和政治上，犧牲都具有明確的形象和神話傳說，它附著於生之驅力與死之驅力的互相對抗，以製造並加強能控制邪惡與死亡的錯覺。這個錯覺於是起了一種肯定的巨大效用，將欲望轉變成希望；希望因此把欲望的能量轉用於實踐理想和集體的計畫，用於遵行禁忌和服從文化權力，甚至用於僭越這些禁忌和文化權力。

在這樣的活動過程中，個人內在受到犧牲影響而產生的變化最顯著。犧牲神話提供了一個典範，為了將受虐症引向昇華與社

66-a　古羅馬劇作家普羅特斯（Titus Maccius Plautus, 254-184 B.C.）在喜劇《驢子》（*Asinaria*）中的名句：「人之於人，猶如一匹惡狼。」（Homo homini lupus.）

會成就（理應得到的結果）的方向，因此犧牲神話教人如何放棄
67 驅力，又如何超越驅力。神話中的犧牲，用其特有的結構，使個
人與集體的犧牲變得有意義，以便在愛洛絲（Eros，愛欲之神）與
塔拿拓斯（Thanatos，死亡之神）之生與死的鬥爭過程當中，使勝
利會偏向生命。但所付出的代價經常是徹底地否認自己，甚至犧
牲性命，棄絕性生活。可不是嗎？這種極端行為隨時有可能變成
一種令人著迷的極端過度表現。

盟約

　　眾所周知（此處的提醒只是老調重彈），當團體內部的暴力威
脅到團體的身分認同和存在時，它的生存問題便成了關鍵所在，
人們於是舉行犧牲以製造一種盟約、以確定團員們之間的聯盟。

　　這種運作當中顯然有其非理性的一面。只有在罪咎感參與犧
牲這齣戲（信徒們在其中不認為**非理性**已經被消除）的情形下，
集體將暴力**轉移**到代罪受害人身上──好像人們要找出一個叫人憤
怒的邪惡來源，因而使他們的領導人得以免除一切指責，才能產
生效果。反之，對非理性缺乏認識，反倒會使它到處傳布，使它
重新燃起而滋養集體的希望和欲望；結果是團體新生的共同**信仰**
就真的釋放出一股力量。

　　團體內部的盟約是由大家共同分擔罪咎感來支持的。人們為
了回應每個人內在暴力的幻想，所以建立同盟關係；團體中哪個
人不能堅持共同信仰到底，他們就經常對那人抱持懷疑，他原本
是無辜的，但剛剛犯錯──即使是很輕微的過錯，卻因此被人控
告，而且還被以代罪受害者的**形象**判刑。盟約乃建立在非比尋常

的、已完成的犧牲活動上，同時也建立在對抗邪惡的基礎上，如此建立的盟約，會與一種難以言諭的、末世學的、[67-a]暫時的或在彼世的幸福融合，並且得以承受、忍耐對這種合而為一的等待。

信徒們將他們彼此的認同放在這絕非平常的事物上面，而且在他們的自我裡，領導者同時也變成他們共同的愛的對象，因此成了其自我的理想。理想化的過程必定援用了非比尋常的事物。 68 我們於是得到以下結論：人們肯定**犧牲了理性和真理**，才能完全信任他們的領導人；這樣的犧牲也使他們接受禁止思考的命令，好像那是獻給領導者的一份**愛的禮物**。

是故，團體每次舉行犧牲活動的時候，就有了一個象徵性的誕生——或說重生，作為真實的、歷史的以及神話的**源頭**；犧牲便成為團體誕生的座標點。

這個對犧牲內部運作的**回顧**，標示了一個出發點，也使人想起人類語言通往象徵階段過程中的早期經驗（這裡說，犧牲與人類語言發展具有類似的過程，都是從一種實際需要發展到象徵階段）。

正是在此點上，我們應當在犧牲每次重新作用的過程中，將犧牲執行者的力量與受害者繼承人的力量分開。對前者而言，以古代代罪羔羊的模式來完成淨化，只是一種重生。古人的法律雖然**總是被改造**，卻因此反而更加鞏固。對後者而言，在犧牲舉行開始時，人們無法預知有關犧牲的法律未來的發展方向，也無法預知該法律之後會發生什麼事，更無法預知會從它衍生出什麼理念，所以那次的犧牲是一種獨創的初次誕生。

67-a 中譯註：末世學是基督信仰的世界末日，末世學的幸福則指最後的審判來到時，相信上帝者必得永生的幸福。

　　於是，犧牲執行者只負責行動，但沒有能力掌握後果。他們只能想像將來還會有相同的犧牲行動，卻不確信每次的犧牲會造成什麼後果——也可能什麼後果也沒有，他們尤其不確信犧牲會帶來革新。我要強調的是，為了神話中執行犧牲得以成功，激起一場死的犧牲是不夠的（要不，就只說，死亡是不夠的）；許多這類的嘗試已經失敗了，沒有留下任何記憶，或者只留下習以為常的屠殺回憶。

　　我們可以這麼說，「**死亡與復活**」這自戀式的機制，在犧牲裡得到充分的運作：代罪犧牲者之死、過時的集體良知之死（有時候是集體的過去之消逝），之後，團體以新靈魂復活。如果我們注意到，犧牲執行者向來都是男性（領導者和那些積極追隨他的人也是），我們就會承認他們在改造集體性方面扮演著催生的角69 色，（或許需要聽聽某種對立的比較：史庫柏拉[7]在比較女人待產時所具有的權力，以及形成團體聯盟的犧牲執行者——總是男性的權力時，指出犧牲所帶來生的重生，應該是對人類生之創傷的移置）。

　　盟約一旦締結，便會帶來一系列的影響。它首先要求立約結盟的人記得並且紀念原始事件。這個紀念活動的重點將放在儀式受害者身上；犧牲儀式將一再被重複舉行，周而復始地在已規定的程序中進行（按照年與季節，讓祭物具體地經過死亡與復活），就是將犧牲儀式化。儀式的進行最重要是圍繞口腔，祭物的犧牲其實是屬於吞噬（incorporation）的幻想。從分析師亞伯拉罕（K. Abraham）之後，我們都知道，這個吞噬化是導致躁鬱症急劇變化

7　參看史庫柏拉（L. Scubla），〈關於犧牲理論〉（Contribution à la théorie du sacrifice），收錄於《何內・吉哈爾與罪惡的問題》（*René Girard et le problème du mal*, Grasset, 1982, p. 103-168）。

中的罪咎感之根源。人們在犧牲時宰殺一隻可作食物的動物（如母羊），或者宰殺一隻可用來交配的動物（如公羊），當然會記得該儀式的放血過程（以及所失去的祭物）。在基督信仰裡，**領聖體（領聖餐）**是透過語言與神相交，所有的基督徒通過領聖餐而重複紀念耶穌的死與復活，認同上帝。血肉質變是不可能發生的，除非聖餐中的麵包和葡萄酒變為耶穌的身體和血液；對人的理智而言，這可是一個聳人駭聞的奧祕，因為基督甚至將祂的生命能量轉移到信徒的身體和血液裡，這實在令人太不敢相信了。犧牲儀式的吞噬化是針對人類憂鬱症所做的一種集體式治療。

盟約也要求做出可辨識的記號。某些記號可以直接加在身體上，例如割除男性包皮、為禁止性交而封鎖女性陰部、陰蒂的切除等犧牲舉動，一旦進行了**就永遠無法彌補**。當今全世界八億人口當中，這些施加在人身體上的記號，都是在他們能夠自行選擇之前就加在他們身上，絕不可能撤回的，而要求烙印該記號的源頭，正是他們個人的宗教歸屬。譬如說，割除男性包皮，在所有的一神教中首次出現時，都與舊約聖經中亞伯拉罕的獻祭有關。因此，人們在選擇性伴侶時，男性性器官就成了很明顯的特徵，以此表明信徒在性生活上必須符合宗教教義的要求。

可以肯定的是，**盟約的核心在於神話中代罪的犧牲與個人和集體內在的犧牲之間有呼應關係。**

盟約「體現」法律，而且賦予禁令意義。身體上的記號，因 70
其永遠不能被消除，等於強迫人們遵守一條不能被違犯的法令。至於切除女人的陰蒂，是以此減損可能的性的快感。基督教在道德上，則以隔離來達到這種性欲的犧牲，以譴責的方式，一方面使性神聖化；另一方面，則是使其盡量合法化。

個人在財物上或工作上所做的犧牲，或者為了正義戰鬥而付出性命，這些個人的犧牲都是放棄驅力的統一化作法。潛抑人的理性和其對真理的探索，這是對自己所做的極端約束；這麼做是出於對領導者的愛，或者出於對領導者所代表的神的愛，同時也為了完成集體的共同理想。這種極端的約束，使團體內部的盟約得以永久實存。

暴力的調節

我們不可能懷著烏托邦的理想，認為犧牲可以完全消除暴力，即使犧牲神話本身就包含遍及天下的博愛觀念——這種起點與終點皆是神的愛，有時候確實會提出除暴計畫。我們應當注意到，實際上犧牲的效果經常是平淡無奇的，其中暴力一點也沒被消除，只是被疏導了。我們再次思考佛洛伊德如同斯多噶學派般堅毅的看法：即使生的驅力所產生的欲望和希望可能克服死的驅力，他不認為生的驅力事實上就真的能獲得絕對的勝利。我們很難想像這樣的最後「解決」，因為一個問題解決之後，人類的其他願望不久還會出現。結論是，如同佛氏在〈為何戰爭？〉中所寫的，人們不應該支持過分單純的和平主義。

暴力總是傾向於暗地裡支配人們，在必要情況下，它會再度活躍起來，到達那原本可能逃過一劫的目標，因此藉由反擊而回到領導人身上（他穩固的權力，使人們想像或認為他是百無一疏），這點使我們對暴力的運作有了更貼近事實的看法。

所以，我們應當承認犧牲只能使暴力獲得一種調節。

71　　這種調節首先要在信徒團體內部清除暴力，這也是盟約最主

要的作用。團體內部的和平是藉由犧牲，從而要求眾人共同遵守盟約而建立的，不僅把暴力從團體內部轉移到別處，還特別把暴力從**領導者**身上移開，因為他特殊的地位可能會使他成為眾人的欲望焦點，或成為他們發洩不滿情緒的焦點。這個偏移反倒使人們對他的愛釋放出來，並且使他們更愛他。此外，盟約還有**避免犧牲理想化父親**的功能，這一點非常重要，因為團體內部所定的盟約的目的之一，正是要解放這個理想化父親形象。

由犧牲神話打造的信仰當中，信奉一神的宗教是最典型的例子，它們有選擇性地努力達到解放理想化父親形象的目標。但這並不是說弒父不是他們信仰的關鍵，三個一神教中，每一個教義都規定了自己的「處理」方式，因此將弒父情結牢牢地嵌進人們的良知裡。如果沒有一種集體罪咎感，團體就不可能獲得內部的平安。在暴力一發不可收拾時──這情況可以說明分裂妄想期（schizo-paranoïde），隨後是（如克萊恩概要顯示的）與弒父的罪咎感有關的集體憂鬱期，所有的犧牲結構都有弒父元素，不論試圖用什麼事物取代之。

因為罪咎感所牽涉的責任，與每一次犧牲活動所展現的明確戲劇性所要提問的問題有關：「誰殺了誰？」信徒們願領導者死去，好讓自己可以遠離領導者所代表的熱情核心，他們卻因此產生罪咎感；人們安排了幾種避免產生罪咎感的做法，譬如用動物代替他，或者用兒子取代他，而且盡力使每一次的犧牲活動，如果不是由**復活**來取消，至少是被修正過了。復活因此在犧牲活動中扮演著一個重要的角色。

將暴力從團體內部排除，正好使它轉向團體之外。正如一切的團體都有範圍界限，向外排出暴力正有助於畫出團體的界限。

從此之後，人們便有幾個不同的理由使向外的暴力合理化。首先是防衛的需要，為了抵抗一個人們深以為奇怪而且帶有敵意的外來者的威脅；其次是征服的需要，為了見證人們對集體的計畫有信心，而且必須使征服他人顯得對團體有益處，且應當使它到處通行，讓那些不知道的人也能享受；或者，以一種比較諷刺的方式，需要找到具體的力量，能夠供應集體事業之所需。事實上，上述這些理由都是由那些好戰的人們捏造出來的，都是為了鋪陳正當的作戰理由。

犧牲因逆轉而回到每一個信徒身上，因此加強犧牲的運作。我們都知道，若集體沒有查知並接受死亡，就不可能發生戰爭。因為現實生活不值得過了，人們便決定自殺或者捨身成仁。在戰鬥中所冒的危險，還可以激發個人的心志，而且在個人和團體其他同志更加團結的條件下，戰鬥為存在於殺人和自殺之間的進退兩難提供了一條出路。與自我了結相較之下，在戰鬥中因挑戰他人而面臨死亡，這反而為生存困境提供了幾種可能的出路。弔詭的是，戰爭倒給人們帶來一個求生的希望，人們因此充滿機敏、熱情和聰明，生命的驅力反而使勝利變得令人心醉。

我稍後會指出神話中的犧牲結構含有暴力的組織圖式，說明暴力如何在和平、團體內部的凝結及其向外的戰鬥侵略性之間取得平衡。我不認為當今西方世界的歷史會否定我這個符合事實的看法。

集體妄想症

首先，我們注意到有關宗教，人們經常談論宗教中強迫性的

組織，我個人覺得那應該是指那些具有紀念功能的宗教儀式部分，而不是指宗教神話的中心，也就是犧牲的敘述，在整體結構中利用最細微的部分，所維持的信仰。

佛洛伊德在其《日常生活中的精神病理學》（*Psychopathologie de la vie quotidienne*, Payot, p. 299）中，闡明了迷信、神話和傳說中的妄想般信仰的基礎，也指出這個思考方向。

我們將會看見，犧牲與連繫神和信徒的兩種關係類型，是同時發生的。 73

因為犧牲使人們締結盟約，證明經過了這個犧牲悲劇，理想化父親已經安然無恙，對所有的信奉一神教的教徒而言，與神之關係的第一種類型是建立在相信自己曾經得到啟示，因此屬於被揀選的民族。[8]

與神之關係的第二種類型乃是從第一種類型衍生出來的，它植根於對本質上持續不斷的，對神的愛，為此，與每一個信徒有關的正是「我愛祂」，佛氏在妄想症的結構中心也發現了這個「我愛祂」。[73-a]

接著便是理想取代了神祇，這兩種類型中最重要的，便是對理想的愛，深信不疑自己是被揀選的，以及順從於祂，從而對保證成功有無比的信心希望。

在一個信仰裡，甚至在一個共同分擔的瘋狂裡──其所包含的非比尋常的部分，是能夠灌溉不平凡的成就之能量，未知的事物

8　關於這個問題，我再提兩篇在本文完稿之後才發表的文章：李歐塔（J.-F. Lyotard），〈被除權的形像〉（Figure forclose），收錄於《時間書寫》（*L'écrit du temps*）第五期，冬季號，1984，65-105頁，這篇文章探討了猶太主義的精神病成分；另外，何內‧馬究（René Major）的《遴選》（*L'élection*, Aubier, 1986）研究政治領域裡遴選和外邦人的關係。

73-a　中譯註：見本書第59頁譯註53-a。

於是被降為集體計畫的目標（如彼世，又如暫時的快樂）。

因妄想症而產生的憎恨已被代謝了，被集體疏導了；它被釘在謀殺理想化父親的事件上，但是，謀殺場面卻被犧牲活動、代替理想化父親之祭物和祭物復活等等掩蓋了。

我們也注意到，抑鬱亦可被視作一種內在化的妄想症，其中，自我和被內射的對象都受到超我的指責。

妄想症、抑鬱病和躁狂症之間的牽連，在各種社會生活型態74 中都找得到各自的回應形式。將對愛的憧憬與對團體之外的某個目標的欲望，匯合在領導者或他所代表的神明身上，有助於產生一種投射作用，能釋放人們潛抑的抑鬱。人們在節慶上盡情地發洩熱情以及群體的衝動，其實都具有躁狂傾向。不過，集體的妄想症還有一個好處，就是以外面的世界為旨趣對象，所以人們為了精神與宗教的目的而要征服它。

這種對現實的態度曾經為一神教帶來實際的效用。

最後，在個人加入團體和當權者所認可的教條式信仰之條件下，理想化父親形象（神或領導人），曾經可能是個人築構妄想的對象，就變成了承載亡父的形象，作為掩飾一切剝奪父權的代替品。

父—子軸・戰勝死亡

至此，我們突顯了父—子軸，若缺乏這個軸，一神教的結構裡就不可能包含犧牲。更準確地說，是關於父親的原像（imagos）以及這些原像的組合，構成了父—子軸的基礎。

某些對犧牲所作的分析喜歡在父—子軸上鑽牛角尖，我們倒

認為這些分析本身，事實上也融入其所研究的神話了。

　　所以，首先必須承認佛洛伊德的看法是有效的，即他在《圖騰與禁忌》中提出的看法（也是萊克〔T. Reik〕在《儀式》〔*Rituel*〕裡的看法），根據這個看法，犧牲的基礎是建立在弒父情結上。

　　我不再重複精神分析理論中公認的論點。神作為人，首先是**理想化父親**，在成人內心裡，那是他們將兒童時期對現實中的父親所具有的形象，作了最大的美化之後得到的結果。所以，一切取代神的事物──即使只是負面形式，都保存著原物的輪廓，尤其是當人們把代替神的事物，認同為能像理想化父親般運作的**領導者**時。

　　有關佛氏所揭露的弒父情結，弒父從未直接出現在一神教神話中。事實上，一切的犧牲活動，其目的都在於避免弒父。因此我們必須承認，弒父情結構成一個祕密的基層核心，執行犧牲時所選用的其他代替祭品，便圍繞這個祕密核心來安排。其結果是，團體內部成員之間立下盟約。必須一再強調，**死亡與復活**是構成犧牲演出的要素，這**兩個重要時刻**乃是用來否定死亡：透過這樣的否定，死去的父親之形象在犧牲儀式（不同的宗教教義各有其規定方式）的虛擬中得以固定。如果**理想化父親**被集體謀殺，這會摧毀社會內部的聯繫，造成無政府的混亂狀態，在這情形下就需要舉行重建社會聯繫的犧牲儀式。但是（在非洲的文化裡），將一個國王處死刑，乃為了王國至高無上的要求不會因人（國王）的敗壞而受到影響。拜占庭帝國歷代王朝改朝換代時出現的血腥暴力，其實也出於同樣的道理；對這信奉基督教的帝國而言，謀殺拜占庭帝王甚至帶有最神聖的犧牲的光榮色彩。此外，歐洲在社會大動亂的時期也出現弒君事件，例如法國大革命期間判處法王路易十六死刑，或如英王查理一世被判死刑。弒君不能

75

被簡化為「誰拳頭大誰就有理」，因為事實上，弒君就是**將弒父情結化為行動**；弒君就是拆解並且清除主宰宗教的犧牲形象（君王以這形象握有俗世權柄）最好的作法。其後新的理想（如共和政體）便取而代之，拿破崙的大屠殺製造了開啟新時代的犧牲形象，也取代了君主的犧牲形象。於焉，一種新的超驗性（transcendance）才得以崛起。

於是，人們可以用兩種方式來彌補死去的父親：在犧牲神話裡，他代表一種**潛在性**，超越一個至高的力量，他是人們死亡願望的對象，是這些願望所找得到的最高權力；可是，犧牲的結構裡甚至就提供了代替他而死的受害者。我們試著想像代罪受害者的特徵：他的無辜、他的人道，尤其他的虛弱，都是理想化父親形象的反面——全能的、冷酷無情的、被人們共同憎恨且因其武斷、暴力而負罪的父親。代罪受害者便以反面的形象，揭露犧牲代替祭物所具有的意義和它**遮掩**弒父情結的作用，這正是遮掩的邏輯，犧牲若缺少這個遮掩，就會變得模糊。

另一種補救的方式是，曾經發生過的弒父不再是神話中的故事，它在現實中隨時可能發生在獨裁者身上，這是自「原始的遊牧部落」之初就肯定存在的事實。但是，為了使弒父具有象徵意義，必得在犧牲舉行之際，使處死理想化父親重新成為「取代和遮掩」得以運作的要素之一；犧牲因此從實際活動變成神話的一部分，理想化父親也因而被挽救了。

死去的父親似乎卻因此變得難以捉摸。我們剛才把他當作犧牲的**潛在點**來討論，同時也把他當作記憶來研究——即象徵的核心，因為當**理性**拆解整個神話的時候，唯有父親之名（le *nom* du père）繼續存留，對亡父的記憶便成為墓碑上僅存的痕跡，而留存

在祖父孫三代傳家的血親結構裡；這個特點也是一神教所規定而發展的。若用較粗略的說法，我認為當事後（犧牲儀式舉行之後）**人們無法脫離**神話向他們揭示的遮掩、虛幻的行動，**死去的父親**就是絕對的主人（即死亡）之顯露；這點甚至是人類命運的規則。我還認為犧牲神話背後蘊藏的力量，會勝過謀殺理想化父親的暴力。在人的記憶裡，死去的父親是未來的父親之前身。象徵則是說出死亡深具意義的遊戲，人們於其中自作聰明地要用出自原始情欲的基本盟約來克服死亡。

我們再回頭看父—子軸，犧牲結構中最主要、最血腥的代替祭品就集中於此軸上。將長子處死，如古代近東地區和羅馬帝國時期的非洲地區，不可被貶為只是單純的贖罪祭——人獻上自己最寶貴的東西，即長子。實際上，獻上長子此舉動中最大的考量，可能是自己能否繼續生存下去，於是接受以另一條生命作為代價，即使那是人所擁有最寶貴的東西，以換取自己的生命。這樣的事情很可能叫人驚懼不已，因為它可能再落回到神的身上，使祂落入陷阱裡。只有人心裡希望神死亡的想法才能解釋這件事的嚴重性，也唯有如此，可怕的計畫才會在人心裡產生重大的罪咎感。

自黑格爾與尼采之後，「上帝已死」是一個雙重的宣告，其目的在於用理性拆解神話（神已死），也在揭露已死之神的祕密（神甚至是死亡本身）。

用兒子取代父親作為祭物的犧牲神話裡，在亞伯拉罕的獻祭過程中，神最後解除了對以撒的生命威脅，但基督被釘死於十字架上，終於確定解救了代替父親的兒子。「死亡與復活」的行動使生之希望獲得最後的勝利，讓後代子孫都有重生的機會，又使

陽具的關係透過命名由父傳給子。但我們不可以從這點就以為母親是得勝者，因為父親根本沒有被處死；再說，誤以為父親已被處死的情形之下，人們假想孩子會持續依賴母親。猶太—基督一神教可能的發展過程當中，人們對死去的父親（作為對後代子孫的一個生命訊號）產生一種距離。又因為這根源上的距離，人們甚至得以在語義上思想死亡，例如「上帝已死」。

即使如此，這個讓人們能進行哀悼的系統裡，反而出現一個**避免哀悼**的可能性，就是用**復活**及周而復始的紀念復活儀式來避免。這麼做卻冒著因逆轉到自己身上和因個人犧牲之補償，而造成的**閹割幻想**不可**逆轉**的後果的危險。

用犧牲神話或用理性來戰勝死亡是需要付出代價的，弔詭的是，該代價中最昂貴的部分，是對亡父的**永遠哀悼**。

這也是為什麼我將犧牲的功能簡略說成處理**罪咎感**，使之變成一種能加以利用的元素，成為一股凝聚的力量，促使團體結合，也促使團體內部的**盟約**得以建立。當團體內部的暴力被化解了，並且被轉移為對抗外在世界的情形下，暴力才會轉為集體生活中實際的積極力量。在犧牲儀式戲劇化的中心，我們將看見理想化父親和死去的父親之形象，與之對立的是死去的兒童（兒子）的形象；後者的形象遮掩了前者的形象，獨自承擔弒父的罪咎感，但他對團體的盟約和對復活（即死亡被征服了）的信心使他克服了該罪咎感。最後，人們與理想化父親形象之關係的結構，猶如一種由宗教教義嚴厲控制的**集體妄想症**，該教義硬性規定了非理性的信條及明確的遵守形式。

78　　我們現在要討論領導人與他的信徒之間所建立的犧牲之社會

功能。關於這點，我們只採用佛洛伊德在《群眾心理與自我的分析》中所做的論述。根據此說，除非我們將犧牲結構的某一部分拿掉，否則**領導者**是不能不分析、討論的一個支柱。

　　為了理解犧牲的社會功能之結構，我建議首先分辨五個參考要素，而且研究在不同的犧牲神話之結構和類型當中，這五個要素之間有什麼樣的關係（參見說明圖）。

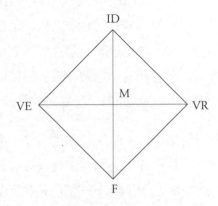

　　一、圖的中央是領導者（M, meneur），男性（作為獻祭者而且從來不會是女性），他提出集體的理想並作為代表，並以其威望匯集眾人各自的願望和幻想，他是人們用來取代自我理想的對象，還使跟隨他的信徒們彼此認同。他又是信徒們渴望成為的理想之人，於是他們把一切的權力交付於他。

　　我們將分辨兩種類型的領導者：符合理想化父親形象的專制**獨裁者**（莫斯寇維奇〔S. Moscovici〕稱之為圖騰崇拜者），以及有**智慧的主人**（莫斯寇維奇稱之為先知或摩西型的領導人）。[9]上文

9　　參看「作為領導者的大師」（Le maître en tant que meneur），收錄於〈引向理想的精神分析〉（La psychanalyse idéaloducte），《精神分析新期刊》第27期：「理想」專題（Idéaux, p. 36 sq.）。

中提到的父—子軸就在這兩種領導人類型之間拉鋸：相對於此說明圖上面的形象而言，領導人可以是理想化父親，也可以是理想化兒子。

79　　二、我們將圖中上層的位子留給神（ID, Dieu〔Père Idéalisé〕）（**理想化父親**），或留給理想（一個團體所具有的特殊理念、對語言的概念、對土地和領土的想法、利益、習慣和信仰）。

　　領導者代表這個保留給理想的超驗之極，這使他與眾不同，因此帶給他必要的自由，也就是說，領導者受到這超驗之極的庇護；但在另一方面，當集體的幻想破滅時，信徒的反抗也得由領導者來承受，在領導者上面的超驗之極絲毫不受影響。

　　三、圖的下方是**信徒們**（F. fidèle）的位子。有關領導人與信徒之間的關係（來自同一個地方，或團體選擇一個外來者作為領導人而產生特異的關係），依據每個團體的傳統所需來決定是否需要改變，怎麼應變則視他們之間的關係而定。

　　但是，這種最濃厚、最重要的愛的關係，正如隨之而來的盟約，卻無法使信徒們對領導者的某些特徵產生認同，儘管他的優點、他所受的痛苦和他的熱情（當他和代罪受害人融為一體時）都是信徒們的榜樣。

　　是故，圖中的垂直軸屬於精神上的一代人，其以父系定出血統關係的三個要素，分別是神、領導人與信徒們，最後的信徒如選民般地構成精神上的孩子（兒子）。

　　四、圖的左方是**代罪犧牲者**（VE, Victime Emissaire），他必為男性，但在某些情形下是**一群少數者**。他承擔犧牲，有獨特的價

值，具有奠基、開始演出的意義，一勞永逸地使團體內部的盟約
得以建立。他與領導者和最高理想之間的關係應當放在第一線，
因為在某些情況裡，他和最初的領導人混而為一（譬如，與基督
混合）。當人們將他與理想分開，這是為了使他永遠不變。

對信徒們而言，代罪犧牲者屬於他們的團體，而且他在團體
中可能扮演領導的角色——如君王或總統，這會使得人們盼望潔淨
領導者以恢復傳統。那些非常積極要趕走領導人、毀滅他、使他
成為代罪犧牲者的人們，經常保有對他的回憶，而且標示他們仍
然忠實奉行著他的某些教義。如此一來，這些人指出他們在犧牲
領導者的罪行上扮演了重要的角色，因為他們所打擊的對象正是
他們過去的主人。他們以此守著以前的領導者的榮耀影子，這影
子可是他們暗地裡認同的。

我們還可以分辨出其他兩種代罪犧牲者的型態。首先，犧牲
者是外來者，屬於少數族群；身為局外人，這個外地人有時候是
被選來抵達一個規定極嚴的時限之終點，到了宰殺時間之後，他
的死亡就使人們得以脫離罪惡，而且根據古代代罪羔羊的程序，
人們把他丟到外面去，讓團體之外的世界去受苦。此處，為了解
決集體罪咎感的問題，人們企圖用一個完全不同於該團體純潔靈
魂的不吉祥之人作犧牲祭品。另一種型態是，信徒們與代罪犧牲
者屬於同一個團體，但他們沒有直接參與犧牲活動，因此與他們
的團體斷絕關係。其結果是產生另一個宗教、另一個集團。基督
教的犧牲神話正是屬於這種型態。

五、最後，如我們上文中所討論過的，**儀式犧牲者**（VR，
Victime Rituelle）只具有紀念功能。流血的、一再重複的、以動物

80

為祭物的、口語的食物的犧牲儀式當中，儀式犧牲者都保留了代罪犧牲者的證據，以作為記得最初以活人為祭品的犧牲（現已廢除了）。透過儀式犧牲者，人們不僅表明他們虔誠地記得最初的犧牲獻祭，也說明他們不需要再以活人為祭物。儀式犧牲者也顯示人們應當繼續守著犧牲的內在化，因為內在化強迫人們克制他們的驅力，因此能達到精神昇華的境界。

但是，因為紀念性活動已變成純粹的象徵性，而作為人與神明之間的聯繫，也因為信徒們在犧牲儀式的發展過程中，從最早對幻想的解釋，最後變為拆除理想的形象，在代罪羔羊之犧牲神話源頭的痕跡完全除去之後，某些儀式還是能夠繼續運作。

81   於是，一切事情的發生，就像未知的事物和死亡非常貼近的事實，就足以讓人迫切活化了已內在化的犧牲。這個內在化可以用集體節慶般的破壞財物顯示出來，一如巴塔耶（G. Bataille）[81-a]所說的「人類隱藏的黑暗被詛咒部分」的命運。或者，內在化集中在人心理機制上，集中於思想本身，成為在精神上傾頹時的典押、替代，如神祕主義者所奉行的修煉，或如無神論者認為自己在快樂裡，因為從眾形象和眾神話中釋放出來的一種至高儀式所產生的裂縫中，他們捕捉到未知的事物。超現實主義已經有過類似的經驗，但常常是受盡痛苦，如亞陶（A. Artaud）。[81-b]此處，儀式犧牲者沉陷於代罪犧牲者所留下的缺席當中，而且在記憶之外，當事者內在隱隱約約地重新建構該記憶當中。在已廢除的犧牲神話所留下的空虛當中，某些精神分裂症和對毒品的依賴，很有可能也走過相同的心路歷程。

81-a   中譯註：巴塔耶（George Bataille, 1897-1962），法國思想家，著有《內在經驗》等書。
81-b   中譯註：安東・亞陶（Antonin Artaud, 1896-1948），法國劇作家，當代前衛劇場啟蒙者。

　　我們於焉看見，用上述圖中的五個要素作為座標點，再加上它們之間的關係，就突顯出一種犧牲格式或結構：罪咎感、盟約、暴力、集體妄想症和父—子軸，都靠它們形成，目的是要戰勝死亡。必須再次強調，關鍵在於要做到能對死亡進行思考，必須幻想能夠掌控死亡。在人類有關這點的計畫中，犧牲活動所預期製造的幻想，其實際效果是不容置疑的。

　　這之後，我們才能夠釐清犧牲神話如何在活躍的信仰裡，或者在它們的文化後遺症裡產生影響，其特殊形象又如何起作用。我們也可以用五個要素組成的圖來觀照一神教神話，並且用它來探討有關犧牲的歷史與政治事件，這些事件導致人類大屠殺，引起人類的反應，於是又拉開新紀念活動的序幕。

　　最後，在個人與文化之間探尋當今精神病理學的影響，是很有意思的研究方向。不過，在那之前，我將致力於跟隨佛洛伊德著作裡有關犧牲神話湧現的觀察，我所做的分析會提供清楚的解釋。

【第三章】一神教中的犧牲形象

要分辨在西方文明中留下深刻影響的犧牲形象時，就得重新 82
找出在本書上一章中，那些用來確定由五個極所架構之模式的各
種形象。去分辨這些形象，也就是承認它們（主要）在一神教範
圍裡所佔的位置，以及它們在歷史上的演變過程，因為一神教神
話的活力中心乃是由這些形象構成的。就這點而言，它們實在太
重要了，因為西方世界的思想、活動與風俗都深受猶太教最初的
推動力所影響，因此變得更有活力而且大大進步。

我的意思是，面對這些有關犧牲的宗教神話，不能只看見其
中屬於人的幻想的一些變形，還得注意到它們的社會功效和它們
帶來的益處；若沒有這些優點，我們很難解釋它們為何歷經歷史
長河的淘洗之後，還能留存至今，又為何對人類的心智一直起著
作用。

我的討論之所以針對一神教，首先是因為犧牲（如我上文說
過的，從強烈的意義上說，是指把活人當作祭品，獻為燔祭）是
一神教體系結構的要素之一，而且絕對不可被簡化。其次是因為
西方的歷史與文化，即我們現在生活於其中的歷史和文化環境，
和一神教都是分不開的。不論目前人們的信仰情況如何，有關各
種宗教的訊息，經由教育、生活習俗、藝術作品和書籍傳給下一
代；有的時候，則是由父母教給孩子的，即使父母本身是無神論
者。人類的信仰經常變成古老或新興的意識形態，例如各式教派
林立，在現代人們深信星相學、預知未來的能力或者特異功能 83

91

學。一神教神話至少留下足跡，甚至在民間迷信裡都有它們的痕跡，當然這些迷信對有批判精神的人而言是難以想像的。一般說來，精神分析與科學一樣，乃發源於西方世界，並且在西方世界得以充分發展，因此與一神教及其影響關係密切。今日的西方和其他地方的人，實際上都與精神分析有關聯，所以精神分析不可忽略人類的社會現象和團體對犧牲的反應，也不可忽視每個一神教——後者以一種典範的方式，對犧牲所定出的明確形象。

鑑於此，我將先討論三個一神教中的犧牲結構，之後再討論出現在它們之後的第四個犧牲例子，最後這個例子雖然在歷史上離我們較近，其實際行動中所包含的犧牲的重要性，一點也沒有減損。

所以，我所關注的是每一種犧牲結構的功效。我提出的模式所包含的五個要素之間的互動關係，應當適用於每一種特殊的犧牲結構：一、處理已被利用且被緩和了的罪咎感；二、團體內部的凝結和盟約對社會的作用；三、暴力的調節作為政治與權力運作；四、妄想症的集體反應；五、以父—子關係為基礎，以其特點建立家族血統系譜；六、與死亡的關係；七、最後是，透過為了禁止滿足驅力——尤其是性驅力而設的禁忌，以及為了禁止理性之再現和運作（理性在觀察、認識、邏輯批評和涉及科學真理等活動時的表現）而設的禁忌，以這種退回自己內在的犧牲，作為對痛苦的反應。

猶太教

毫無疑問地，人類的一神信仰始自猶太教。[83-a] 在猶太教之前

的美索不達米亞與埃及的宗教信仰，都屬於已經消逝的文明。那位人們不直呼其名的神是至高的大能者，祂保護信徒，祂具有人格，祂與世界完全分開，創造、主宰世界，祂用人的語言與人類溝通，祂是公義的神，有人說祂雖然兇暴且善妒，但充滿著愛。從本義上說，猶太教的領導者是摩西，他在精神上以神的律法引領他的子民，並且在生活中帶領他們脫離一切的奴役，往神的應許之地（具體的空間）前進。　84

　　不過，有關猶太教中的犧牲，**領導者**肯定是亞伯拉罕[1]——那位把「犧牲」的戲劇化行動和他與神的約定連結起來的人。從神與他立約之後開始，他的兒子以撒和孫子雅各，以及他們的後裔，便建立了猶太人血統系譜[84-a]；神還說在他的後裔中將誕生彌

83-a　中譯註：猶太教徒傳統上認定，猶太教最早是由神與亞伯拉罕立約之際開始的；學者則大多認定約一千年後（1,300 B.C.），從摩西帶領受奴役的猶太人逃出埃及起，猶太教才正式成為一有組織體系的宗教。《舊約聖經》是猶太教的經典，其中〈創世記〉、〈出埃及記〉、〈利未記〉、〈民數記〉和〈申命記〉又被合稱為《律法書》（Torah, 亦稱《摩西五經》）。教徒須嚴格遵守十誡，女孩由母親命名，男孩則在出生後第八天接受割禮，年滿十三歲時舉行成年禮。擁有自己的曆法節慶，飲食方面的禁忌則是不吃帶血食物、無鰭無鱗水產，以及非分蹄的獸類。

1　　參見我對三個一神教中血統系譜的研究，詳〈在宗教神話與系譜學當中的三代〉（Trois générations d'hommes dans le mythe religieux et la généalogie），收錄於《論象徵》（Essais sur le symbolique）。

84-a　中譯註：為方便讀者理解，在此略述亞伯拉罕的生平。亞伯拉罕原名亞伯蘭，出生於美索不達米亞的吾珥，後來與妻子撒萊定居於哈蘭。有一天，上帝命令他帶領家族移居迦南地，並承諾賜福與他及後代。妻子撒萊因一直無法生育，便建議亞伯蘭另娶奴婢夏甲，後者幫他生了個男嬰，取名以實瑪利。亞伯蘭九十九歲時，上帝又令他改名亞伯拉罕，妻子改喚撒拉，兩人將得子嗣，而家族的所有男性須接受割禮。高齡九十的撒拉奇蹟似地生下一男嬰，取名以撒，但後來因以實瑪利嘲弄以撒，撒拉便要求亞伯拉罕打發夏甲母子二人離開。上帝為了考驗亞伯拉罕的信仰，再令他將以撒帶到山上獻祭。亞伯拉罕將摯愛的兒子綁在柴堆上，拿刀正準備刺進以撒的胸膛時，天使出聲制止，於是他改以附近一隻角纏進樹叢無法動彈的公羊獻祭。天使告訴亞伯拉罕已通過神的考驗，他的子孫將如繁星散布，並許諾他世代統領迦南地。讀者可另參考本書附錄二〈亞伯拉罕獻祭以撒的故事〉聖經節錄文。

賽亞（救世主），他是決定性得勝的導師，也是最終的領導者。猶
太教中這個未來式的呼喚、這個希望，是很獨特的。

我剛才把犧牲這個字放在引號裡，因為事實上，在猶太教經
典中，關於亞伯拉罕獻祭以撒的敘述裡並沒有出現犧牲這個字。
這段文本使用「Aqèdat Yitzhag」，意謂「把以撒綁起來」這件事，
或者根據現行翻譯本，把以撒綁在作為祭壇的木柴堆上。[2]

其實這個犧牲只是虛擬的，是神用來考驗亞伯拉罕對祂的順
服，以撒最後並沒有被宰殺。此外，這個犧牲的目的也在廢除用
活人當祭品的觀念。雖然如此，不論我們怎麼解釋亞伯拉罕和以
撒的決定，犧牲這件事是不可避免的，並且犧牲的戲劇化過程中
也不可取消這一幕。

就基督教而言，亞伯拉罕獻以撒這一幕影射了基督受難。

容我在此提醒，亞伯拉罕獻祭之前，神就和他立約了，為他
另取名字，以作為象徵性的開始（亞伯蘭將叫作亞伯拉罕），也規
定了男性必須割除包皮（亞伯拉罕也因順服而受割禮），應許賜給
他一個兒子（儘管他和妻子撒拉都年事已高），以及他的後裔將極
其繁多（《舊約聖經》〈創世記〉十七章）。

85　　　　因此，是以撒的「犧牲」為神和亞伯拉罕所立的約蓋上章
（〈創世記〉二十二章），從此產生與神聯合的同一家族的三個男人
（神、亞伯拉罕、以撒）。犧牲這一幕具有一個雙重用意：一是亞
伯拉罕完全聽從神的命令，把他唯一的兒子帶到摩利亞山上獻為
燔祭（〈創世記〉二十二章2節）；二是他完全相信神會給他另一
個出路（他回答擔心受害的以撒：「我兒，神必自己預備作為燔

2　參見沙龍・本修凌（Schalom Ben Chorin），《祈禱中的猶太教：猶太教的儀式》（*Le judaïsme en prière. La liturgie de la Synagogue*〔1980〕, Cerf, 1984, p. 57 et 179）。

祭的羊羔。」）。亞伯拉罕綑綁他的兒子以撒，放在祭壇的柴上，接著伸手拿刀，要殺他的兒子（〈創世記〉二十二章9和10節）。就在那一刹那，神的使者從天上呼叫他，阻止他殺以撒。亞伯拉罕舉目觀看，不料，有一隻公羊兩角困在枝葉茂密的小樹中，亞伯拉罕就取了那隻公羊來，獻為燔祭（〈創世記〉二十二章13節）。

關於代罪犧牲者，我們看見亞伯拉罕接受將他的兒子（此模式裡的根本形象）獻為燔祭；所以猶太教中的代罪犧牲者就是兒子，也就是以撒。執行犧牲的人很可能是父親——亞伯拉罕，而在他之前則是神要求他這麼做的，以試驗他對神的信心。這情況其實非常弔詭：如果亞伯拉罕服從神的命令而殺了以撒，祂將變成一個毀滅他後代子孫的兇暴之神，這與他們之間所立的約完全相反。就這點來看，我們可以說亞伯拉罕強迫神遵行祂應允的事：祝福並且保護他的後裔。如此一來，猶太人表現出他們還是能夠要求神，因為如果他們遵守祂的律法和公義，面對義人的哀求，神便不得不垂聽。當他們遭遇不幸時，可以想像兩種出路：人民「硬頸」地不順服執意報復的神，使神改變心意，或者，承認他們在神的律法上犯了錯，這錯是可以藉由繳罰金而免受懲罰的。

事實上，亞伯拉罕的犧牲超越了所有以活人為祭品的犧牲，因此不同於宰殺長子以獻給多神教裡的神那樣殘酷的犧牲。於焉展現了兩種運作：第一種，根據佛洛伊德，人們對理想化父親（也就是神）所具有的死亡幻想從此被潛抑了，該幻想不會再出現；猶太教、基督教與伊斯蘭教（回教）這三個一神信仰中都有這個特徵。我們可以這麼說，神話的目的就在於清除死亡幻覺的意象。萊克繼佛氏《圖騰與禁忌》之後，指出以羔羊取代以撒，同時也代替父親，所以是在一種迂迴的無意識幻想的實現中，代

86

替父親成為祭物。[3]

第二種，不需要受害者而救了兒子一命。所以，所謂的亞伯拉罕的「犧牲」，事實上是否定犧牲的。雖然該事件牽涉了處死的意圖，它其實超越了犧牲，因為只有猶太人周圍的異教徒世界才真的以活人為祭品。

儘管如此，人類史上第一個一神教，即猶太教，使人的生命自神與亞伯拉罕立約之後，變成神所恩賜的，此約規定凡相信的人必得服從神的父權；籠罩在亞伯拉罕獻祭時的威脅之下，即使是虛擬的，也使人們不得不承認神的權柄（據笛卡茲〔M. de Diéguez〕的說法，「一神教的偶像」的權柄，是西方宗教發展過程中的政治基礎）。[4]不過，在神與人之間的約定之中，人是相信神的，只要人遵守禮儀和嚴謹的道德規定，並且用禱告顯示他們的信心，而並非去反抗神。

●從信徒的這一端點來看，猶太教徒是和崇拜偶像而信奉多神的人民絕對分開的。自從猶太人在埃及紀念逾越節起，代代相傳和血統純正就成了他們最基本的觀念。關於家族香火的紹承，他們嚴格遵行具有象徵性且不可磨滅的割禮，而且孩子一出世就名正言順地從母親處遺傳到猶太身分。[86-a]猶太血統系譜的延續，主要是靠婚姻上的規定來維繫。當然有人改信猶太教，但這並不是猶太教發展的一種方式。猶太教血統上的規定使其變成少數民

3　參見《儀式，宗教儀式的精神分析》（*Le rituel. Psychanalyse des rites religieux*〔1928〕, Denoël, 1974），特別是最後一章關於「古伊斯拉爾角笛」（Schofar, p. 240 sq.）。

4　參見《一神教的偶像》（*L'idole monothéiste*, PUF, 1981）。

86-a　中譯註：猶太人在身分認定上從母系，在姓氏上則承父系。也就是說，母親或祖母是猶太人，才會被自動認定為猶太人，反之則否，即便具有猶太姓氏或血緣亦然。

族，不論就散居世界各地的猶太人而言，或就以色列國在全世界各國當中而言。一如對所有的少數族群，這個特點顯示出，猶太人以宗教或政治為理由，冒著因心理投射作用而被放在代罪羔羊 87 位置上的危險。

●有關**儀式犧牲者**，猶太人用割禮儀式來紀念以撒的犧牲，重複與神所立之約。但是也有必要為耶路撒冷聖殿被摧毀時，猶太人的宗教自主權和至上的權威被犧牲了的回憶找到一個正確的位置（*Hourban*事實上就是指犧牲）。[5]

犧牲作為一神教之開端，確實非常複雜，它甚至是對神聖的行動給予消極性的範例：神命令亞伯拉罕把他的兒子獻為燔祭，祂當然負全部的責任；但與其他的神不同的是，只要順服祂的命令，就足以把破壞性的結局轉化成建設性的結局，也足以解除威脅。這個情勢的反轉，這個**辯證式**的超越，是屬精神的勝利，使父子關係一代又一代地傳下去。因此，是一種超凡的力量保證了血統的**傳承**。雖然犧牲從此之後就被虛擬化了，我們不該忘記，當初亞伯拉罕和以撒是如何經歷內心的掙扎，那是這個神話最深沉的核心；我們也不該忘記，那次的犧牲，對未來想認識關於其儀式的世代，具有**啟蒙**的價值。

所有其他的一神教都抄襲了這個由猶太教辯證式的犧牲所描繪出的最初犧牲模式。精神分析於其基要處觀察出弒父，那是對

5　參見哈達（Gérard Haddad）《不合法的小孩：精神分析之猶太法典的起源》（*L'enfant illégitime. Sources talmudiques de la psychanalyse*, Hachette, 1981）。特別是〈聖殿毀滅與復建的祕密〉（Le mystère du Hourban）這一章裡，作者提醒說，甚至佛洛伊德也認為耶路撒冷聖殿的毀壞，乃是為了用猶太經書建造一座「看不見的聖殿」。

父親懷有破壞性的一切幻想之焦點，既是罪咎感和原罪的起點，也是終點——用犧牲神話驅除弒父想法，撤回，轉移到表面上威脅兒子的性命。此時信徒的良知在神——理想化父親——的引導之下，完全沉靜了，而透過真實的父親，即亞伯拉罕，逐漸轉向兒子，也就是以撒。我們因此在範例的軸線上，看見一種可以稱作「調解的關係」的祖父—孫子關係。[6]

88

從亞伯拉罕的獻祭起，猶太民族建立了一整套的思想模式與生活方式。

首先，罪與神有直接關係。信徒遵守道德和宗教上的規定（透過宗教儀式和祈禱），可以用四種方式來減輕他們所犯的罪：**贖罪**（承認所犯的過錯並且遵行有關贖罪的規定），目標在獲得神的**赦罪**，並且得以與神**和好**；之後，**道歉**便根據**公義**的規則，在人與人之間起作用。

關於這個我們所關注的問題，必須解釋猶太教的贖罪大祭日，這節日旨在紀念以撒的「犧牲」，在「贖罪大祭」儀式進行中，特別吹古伊斯拉爾角笛，以紀念與神所立的約。「贖罪大祭」儀式的確將罪和犧牲連在一起，信徒還必須禁食並且認罪悔改，以求赦免。

猶太人不僅在每年第七個月的第一日起（Rosch Haschanah，猶太人的元旦），就紀念亞伯拉罕綑綁以撒，他們還在這一天吹響古伊斯拉爾角笛，當作羔羊的角，提醒人們該犧牲事件。角笛彎曲的形狀象徵人心悔改，哀求神赦免他。[7]「七月初十日，你們當

6　更詳細的說明請參見拙文〈在宗教神話與系譜學當中的三代〉（Trois générations d'hommes dans le mythe religieux et la généalogie），收錄於《論象徵》（Essais sur le symbolique）。

7　參見沙龍・本修凌（Schalom Ben Chorin），同上，p. 188。

有聖會，要刻苦己心，什麼工都不可作。只要將公牛犢一隻、公綿羊一隻、一歲的公羊羔七隻，都要沒有殘疾的，作為馨香的燔祭獻給耶和華⋯⋯」（《舊約聖經》〈民數記〉二十九章7～11節）。《舊約》〈利未記〉十六章裡，記載祭司亞倫為獻祭的兩隻公山羊拈鬮，一隻用以贖罪，打發人送曠野去，歸與「阿撒瀉勒」（Azazel），人民所犯的罪因此就歸給阿撒瀉勒，隨著公山羊被送到曠野去；另一隻的血則用來塗抹人民的罪愆。猶太經典對亞伯拉罕綑綁以撒的詮釋，除了罪的轉移這點之外，其餘解釋的微妙處則是出了名的。問題就在於，事實上代罪的公山羊並沒有被宰殺，牠被送給阿撒瀉勒。阿撒瀉勒是否意謂著魔鬼般的力量，其命名來自於神（El）的力量（Azaz）？[8] 89

在猶太人的元旦和贖罪大祭日之間的十天之內，猶太教徒必須一五一十地認罪，並且在贖罪大祭日當天完全禁食。當眾宣讀〈約拿書〉，人們哀悼因信仰而受難的烈士，表示大祭日亦紀念犧牲精神。

萊克準確地分析了古伊斯拉爾角笛在這些儀式中所扮演的角色。他認為該角笛的功能根本不是作為一種樂器，因為自從聖殿被毀之後，儀式進行中就不准有音樂，除非舉行解放的儀式。角笛那由四種不同的音調演奏的五度音程，會在教徒中產生強烈的情緒感染作用，混合了對神聖所懷的恐懼、被解放的激動、呼求神的饒恕、悔改、哀求和頌讚。

萊克還認為古伊斯拉爾角笛的聲音就是神的聲音，因為對被

8　依照史密斯的解釋（W. Smith, *A Dictionary of the Bible*, 〔1884〕, 1948, 1967）。又參見葉克（R. K. Yerkes），《在古老的猶太教以及希羅宗教當中的犧牲》（*Le sacrifice dans les religions grecque et romaine et dans le judaïsme primitif*, Payot, 1955），該書指出阿拉伯文中一個近似字詞，意謂「劫取」，不過作者也說明該字的字義難解。

弒殺而且被神聖化的父親所產生的陽具認同，便透過圖騰式的動物（公牛或公羊）處於罪的氛圍中完成，懲罰於焉成形。特別是為了迎接新年的儀式，因為那是下一次死亡的開始。古伊斯拉爾角笛既指懲罰，也指饒恕與革新的應許，使人記起曾經反抗神，但也想起因認罪而得赦免。

追根究底，大祭日時，古伊斯拉爾角笛重新激起兒子（亞伯拉罕）對父親（神）的憎恨，又因為怕遭到報復，這份憎恨轉移到他自己的兒子（以撒）身上，犧牲的威脅即源於此。他的兒子，作為祖父的轉世，承受了同樣的謀殺想法。

一如所有的宗教信仰，隨著各個宗教強迫性的儀式化程度，關於贖罪的哄抬價格總是可能發生的：機制倒置，對罪惡的處理使得倒置更屬害，儀式因此變得侵擾人，這一切都為了平息神那不可及的偉大而更覺得有罪。信徒似乎永遠達不到神的要求；既然邪惡和痛苦總存在著，對宗教的依賴於是變得難以避免。在所有的宗教裡，神職人員都曾被指責利用這條種連鎖性，如果不是作政治用途，則是為了加強信徒的信心。

處理罪惡乃藉著熱忱的信心和遵守教規與禁令，**用勝過邪惡和痛苦的力量**，期待獲得內心的寧靜。所以，這是一種精神上的快樂，是人在現實世俗裡的發展過程當中所期盼的快樂。如果猶太教認為死後的生命必定有什麼價值，它的目標卻是在俗世當中，即使是死後的財富，也要繼承永續於後代子孫中，成就子嗣的延續、壯大和幸福。這亦表示生命的延續過程，最終將由彌賽亞（救世主）來完成。

亞伯拉罕的犧牲肯定是猶太教的奠基石。在人這一方面，他與神所立的約透過男性受割禮來保證。割禮是否在猶太教之前就

已存在並不重要，因為猶太教的割禮具有史無前例的特色：於人
之初（第八日），在男孩身體上留下一道永遠不可磨滅的記號，作
為聖約的憑據。從此，一種凝聚的力量，代代相傳下去，不可改
變的歸屬從此建立了。此外，猶太教經典中的啟示是用希伯來文
書寫的，希伯來文因此成了儀式的語言，特別是信徒對該語言所
知甚少，更加覺得它是儀式的語言。猶太教、基督教和伊斯蘭教
這三個一神教，因為各有它自己的啟示，所以也各有書寫其經典
的語言；這些語言隨著人們的遺忘和鮮為人用，逐漸變得過時，
也因此神聖化了。其結果是，由於平常人無法讀懂祈禱用的文
本，造成詮釋學益形發展，必須引經據典地解釋宗教經典依循猶
太教的四種途徑：pchat, remez, drach, sod；[9] 所有啟示的神聖文
本，被認為是不可改變而完整的，都揭示一種智慧和永不竭盡的
屬神的知識，因此使此詮釋工作永無止境。

　　對於一位只跟祂的子民立約的神（所以是被賦予律法和啟示　　91
之經典的選民），教徒與祂的關係帶來特別優惠的情勢，這非常適
合一個立志成為少數族群的團體。但這個團體又因其與神的特殊
關係，而得以自以為是「世上的鹽」，[91-a] 這使其足以承擔與眾不
同的特色，而且毫不遲疑地維護該特色。

　　關於這個神的選民，人們曾說那是集體妄想的結果，而且三

9　　按字面上的意義解釋、按文字隱藏的意義解釋、按傳統的經文釋意，以及按神祕派的經文
　　詮釋。

91-a　中譯註：古代羅馬人認為，太陽和鹽是世界上最有用的東西；猶太人則認為鹽象徵律法，
　　日常生活中不能沒有鹽，猶太人則不能沒有律法書（《摩西五經》）。這種想法亦在《聖經》
　　裡出現：「你們是世上的鹽。鹽若失了味，怎叫它再鹹呢？以後無用，不過丟在外面，被
　　人踐踏了。你們是世上的光。城造在山上是不能隱藏的。人點燈，不放在斗底下，是放在
　　燈臺上，就照亮一家的人。你們的光也當這樣照在人前，叫他們看見你們的好行為，便將
　　榮耀歸給你們在天上的父。」（〈馬太福音〉第五章13～16節）日後基督徒便常以作「世
　　上的鹽」、「世上的光」來自勉。

個一神教裡都有這個特點；對於神認定為屬於祂的子民，啟示便是祂賦予他們的愛之證據。我在上文中曾說過，這種與教條（預先揀選、啟示、神獨一無二而人性化的性格、具有語言大能）相關的集體妄想症，有助於在一個集體計畫裡疏導個人的妄想傾向，於是使個人為執行集體計畫效勞，尤其使個人重獲團體精神，恢復眾人彼此的交流和滿足。這些功效將使個人自戀式、妄想式的封閉得以縮減，而且透過信仰的分享和遵行禮節規定，團體的成員會更加團結。

　　儘管如此，事實上，每個一神教所信奉的神各有自己的選民。在猶太教裡，教徒奉行割禮，父傳子代代相傳，甚少有勸人入教的熱忱，造成猶太教信徒人數很少，致使他們總是強調多數的非猶太教教徒表現出反猶太的態度。此外，猶太人當中拒絕信猶太教的人都被視作背叛者，堅持理性主義立場的猶太人就必須面對這樣的指控，所以也顯得格外勇敢。不過，當猶太人面對其周圍國家多數人的不同信仰時，此理性主義立場也可能獲得更激進的支持。

　　反猶太主義的眾因素當中，特別要注意大眾對一個定義明確且活躍的少數族群的反應，該少數族群不譴責世俗的生活目標，而且它所提供的犧牲意象，是以理智精神為主宰的意象，以對抗強施於人類的暴力。

　　如此一來，為征服而戰爭，把暴力往外面的世界發洩，這種調節暴力的圖式，就算可能在《聖經》裡描述的戰爭和大屠殺故事中找到傳奇的回憶，卻也在聖殿被毀之後就中斷了。聖殿被毀這一件歷史事件，在現實裡即成了猶太人的犧牲，由整個猶太族群承受，還觸及了象徵猶太教的耶路撒冷。猶太教便是從聖殿被

毀之後，隨著散居世界各地的猶太人擴散出去，反而建立了精神
上的猶太國，那是以文字和經典建立的國度。對那些認為時間的
力量只植根於散居世界各地的猶太人的人們而言，亞伯拉罕的犧
牲和聖殿被毀，這兩種犧牲之間的呼應可以被看作是辯證的負面
之複製，血統系譜的紹承乃超越世上現行的統治權，即使這個統
治權還在等待彌賽亞的來臨。可是，以色列國選擇另一種命運，
也許是因為理性主義勢力希望推翻傳統的看法，用武力保衛已收
復的領土；也許因為正統猶太教勢力希望與聖經中祖先們的戰爭
重新連結，以保衛神所應許之地。

　　然而，犧牲最主要的成分是死亡，以及人們為對抗死亡而採
取的行動。處死一個代替的活物，過去是一個保住自己性命的神
奇方法，如同在打得你死我活的戰鬥中，一種喚醒非此即彼（你
活或我活）的最原始投射；在相同的簡化之下，即將誕生的生命
也代表威脅著把上一代推向墳墓，於焉產生對上一代之死的幻
想，這些幻想正是無意識罪咎感的製造者。亞伯拉罕的犧牲揭示
了這個類似核子彈爆炸的情況，而同時又完全克服結局，因為該
試煉行動中最後排除了死亡。這個試煉終於消除了一切可能引起
殺人意念的驅力，即使屠殺的動機是神聖的。

　　死亡因此有了具體的重量。佛洛伊德曾經指出猶太教的目的
不在長生不死（參見《摩西與一神教》）。如果我們同意這個看
法，並且把它與基督教和伊斯蘭教做比較，就會發現猶太教的明
顯不同，我們也因此會有一種實事求是的看法。這樣的看法更貼
近理性思考，（是佛氏的，也是精神分析的——佛氏的猶太血統應
當有助於他的理性思考），它承認死亡中未知的事物，而且不用幻
想來迴避。在這點上，我們可以稱之為思想的勝利，一如精神分　93

析也是一種思想的勝利。

在猶太教裡，這個理性思考的自由，卻是在承認神是全能的、在死亡之外的、永遠存在的、不像人會死的條件之下，才得以享有的。

我再次強調，猶太教中特別要求的代代相傳之血源關係裡，並不否定死亡，這種對血源的嚴格要求，乃是要求教徒繫於無止境而緊密的同一信仰和希望。一如其他的一神教，猶太教信徒接受神的旨意，所以不准自殺。當然更正確地評估死亡的話，則說他們以務實的態度看待人類生存的終點；他們也是出於團體生成命運和每一個個體性命的互相關聯，於是禁止自殺。

現在必須觀察，在這樣的大環境當中，**倒轉回自己身上的犧牲**是透過哪些方式進行的。因為精神分析所描寫的心理機制就是在這點上起著作用，特別是關鍵性的神話與個人自我強迫做出的犧牲之間的關係，都受到個人的信仰歸屬和宗教教育主宰。

首先，在克制驅力方面，我們在猶太教裡觀察到，對性欲並沒有譴責，與之呼應的是，沒有相關的犧牲形像；與基督教比較之下，猶太教這個特點更為突出。猶太教不僅沒有把貞潔理想化，所以教士們可以娶妻生子，它還祝福信徒的性生活。這種性自由毫無疑問是出於猶太人非常看重多子多孫與家族興旺。精神分析學可能紹承了這種獨立精神，因此了解人類社會承受極大的性潛抑之重擔。猶太教當然設立各種規定、命令和禁令，尤其是關於婚姻，像是一夫一妻制、亂倫的禁忌和法規，但是那絕對不是拒絕性生活。

猶太教裡最重要的限制是**禁止神像**，其信徒對這點的解釋是，一神教只敬拜唯一神，不准崇拜任何偶像，伊斯蘭教也嚴格

遵行這條規定。必須說明的是，信徒只在敬拜神的地方，才嚴格
遵守這項禁令。不過，正如萊克清楚地指出的，在某個信仰存留　94
下來的情況之下，替神造像是危險之舉，因為人們對神像暗藏的
無意識敵意，將會造成對它的具體攻擊和破壞（《古伊斯拉爾角笛》
（〔 *Le Schofar* 〕，p. 364）。人們對可感知的世界和其再現形象的挪
用，特別是關於活物再現形象的挪用，其實與一個更深沉的勢力
會合，它強調**書寫**優於形象，把思想抽象化；最後這點在猶太教
裡尤其明顯，因為希伯來文字和所有的象形文字非常不同。這個
抽象化也許塑造了某一種思維方式，反正就是和一位眼不能見、
超越人的經驗的神（祂主要是通過**話語**向信徒顯現）緊密相連的
思維方式。

　　我們還應當指出，關於倒轉回自己身上的犧牲，猶太教裡為
數甚多的敬虔規定其實都源自《聖經》。早期猶太人獻動物為燔祭
的犧牲祭禮已經不再舉行了，因為意識或無意識地宰殺**活物**，會
使他們想起亞伯拉罕把以撒綁在祭壇上的事件。但是，今天的猶
太人對肉食品特別保留了犧牲的儀式意義，符合這些宗教規範的
食物的製作和與它相關的禁忌，就是用作為代替品的羊羔建立一
種象徵性的關係（他們將羊羔和其他禁止食用的動物肉製品分
開，豬肉便是第一種不准吃的肉類）。

　　最後，根據萊克的說法，人們克制驅力——主要是侵略性的驅
力，加上猶太犧牲神話中被宰殺的祭品之消逝，曾經促使猶太人
與其他的民族隔離，因而為自我毀滅的受虐情結帶來一種滿足
（《古伊斯拉爾角笛》，p. 378）。

　　還有一個相當普遍的限制，已經超出一神教的範圍，因為所
有的信仰裡都有這限制，而且對人的理智而言，那是所有信徒認

為一定需要的，即：**非比尋常的事物**。這個所謂的非比尋常的事物接著會帶來兩個好處：第一是能夠為信徒製造有保障的錯覺，這保障使人充滿憧憬，因為他們有一個全能的神，藉著禱告和遵行宗教規定的實際行動，可以來到祂面前；第二是透過由每一個信徒的幻想共同組合的神話想像，他們能彼此相交而建立一個團

95　體，**每一個人甚至犧牲其理智**，這樣的凝聚可以保護他們的共同信仰，尤其當他們在現實生活中體驗過團結所產生的活力和功效，其信仰就會更加穩固。是故，面對由文字凸顯的抽象思想中被人高舉的信仰之拓展，個人的觀察，甚至對事物的看法和批評精神都逐漸消聲匿跡。

　　猶太教承擔的矛盾有：（Ⅰ）神的個性會改變，從凶暴而好報復的神，變成可靠而充滿愛的神；（Ⅱ）存在著一個在神的權力之上的權力；（Ⅲ）接受犧牲卻又超越犧牲（辯證的矛盾）。

　　猶太教的犧牲形象是西方所有宗教的起點，而西方的宗教又促使我們的文明思想起飛。在欲望發展的過程中，該犧牲形象本身就含有對死亡不可避免的冥思。

基督教[95-a]

　　如果沒有猶太教的犧牲形象，以及它所提出的問題和所給的答案，很可能就不會出現基督教的犧牲形象。耶穌是猶太人，而且受過割禮。但是新的犧牲卻與舊的完全相反。事實上，談論猶太─基督教只對基督教有意義，使它成為一神教歷史上的承傳

95-a　中譯註：作者在下文中所謂的基督教，主要是指天主教。

者。

　　這一次，犧牲完成了，因為耶穌被釘死在十字架上。可是，代罪犧牲者卻多了一個頭銜：他是人—神，神的兒子道成肉身。身為人，耶穌是大衛王的後裔。作為獨一神，他以兒子的身分完成受侮辱的犧牲。於是，耶穌被釘死在十字架上就變得極不尋常：在執行死刑時，基督教並沒有避免耶穌受難的形象；相反地，信徒在所有的細節中呈現並思索耶穌受難形象。然而，一個被凌遲的道成肉身的神，這是前所未聞的事情。於是，它清除了一切其他的意象，排除了一切人類再製造該犧牲的企圖。一勞永逸地直到世界盡頭，神親自完成犧牲，使得其他任何具有開創性的犧牲變得多餘了，也因此廢除了它們的功效。就此意義看，基督的犧牲所產生的最後結果（作為基督教的奠基石），與猶太教中亞伯拉罕獻祭以撒具有同樣的重要性。受害者由基督親自擔任，真是十足地代替世人的罪惡。在耶穌的時代，當然是他同時代的猶太人把他釘死於十字架上；然而，根據更深層的基督教傳統教義，耶穌死在十字架上是代替罪人贖罪，因此現在所有的罪人，在接受耶穌的死是為了拯救罪人的條件之下，都可算是釘死耶穌的人。所以說，罪人才是耶穌犧牲的導因。但我們必須承認，是神以其全能主導這個犧牲，人們才得以釋放；之後，一個死去的獨一神的犧牲形象從此出現了。然而，復活也接著發生了，耶穌因此回到永恆，留給基督徒一個令人著迷的形象和一個勝過死亡的典範。信徒從此以想像產生了一股叫人難以置信的、驅力般的推進力量，連它的效能都令人難以置信；這力量使人類的各種計畫更有活力。

　　用我的五端點結構說明圖（見第85頁）來分析，圖上方是三

96

位一體的神；對基督徒而言，這是一個奧祕，但對其他的一神教而言，這個「三位一體的神」的說法是令人無法容忍的標新立異之說。

基督教的**領導者**理所當然是耶穌自己。《新約聖經》福音書中所描述耶穌的作為和他的一舉一動以及他的話語，在在滋養著基督徒的思想，並且成為他們的典範。福音書中對耶穌生平的記載吸引人之處在於，不使用暴力，為公義作見證，保護弱者和窮人的利益。那曾經是一種無法比喻的帶動和傳布力量，因為它跨越了部族之間、民族之間和語言之間的隔絕。

即使保羅在傳福音布道上和教會領導人身分上具有強大的影響力，他在基督面前仍自我退隱。於焉，我們看見基督教信徒與基督教之前的其他宗教的信徒不一樣——其他宗教是偶像崇拜，如希臘羅馬人的宗教，還有和耶穌、他的使徒、信徒們及保羅具有同樣血緣的猶太人。他們之間的不同點在於，基督教信徒們不再以血統為記號，而是所有受苦的人的聚集（那個時代當然指受苦的奴隸）。猶太教裡以婚姻和血緣構成的傳承關係，以割禮為記號的規定，基督教裡則由神、帶來調解的聖子與信徒之間所建立的屬靈關係取代。基督的犧牲之特徵正是他集合神、代罪犧牲者和領導人於一的身分。

97　　　我在上文以說過，**儀式犧牲者**的特徵之一是脫離一切的動物性祭。基督教從前的儀式所留存下來的風俗習慣，目前只剩下星期五禁吃紅色的肉（紀念基督的死）和封齋期間的禁食，還有已成為一種習俗的復活節吃羊肉。比起早期猶太教獻動物的犧牲祭禮，基督教沒有犧牲祭禮，也沒有祭司。

不過，因為那是神親自的犧牲，所以信徒舉行**彌撒**以紀念

神。耶穌最後的晚餐宣告他將被釘十字架的犧牲，給世人一個範例。於是，聖餐是一個象徵的犧牲，它將複製耶穌的犧牲。人們因此在形式上把基督與復活節的羔羊認同。但是，聖餐當中沒有出現任何的處死形像，於是信徒領聖餐的作用便在於把麵包和葡萄酒轉化成基督的身體和血液（通過變體作用）。信徒吃了喝了這些「物質」，就是吃了犧牲者，即神的羔羊。領聖體就是把一個至高的好的客體對像──神自己──吞進體內。我們要是知道抑鬱症的臨床治療當中，還有被迫害妄想中，「進入體內」的重要性，吞噬的重要性（舌噬化是幻覺的運作，此處是把象徵性的移置變成實際的行動），不能與內射或認同混為一談。我們了解領聖餐就是一種符合耶穌神─人的身分，特別適合基督受難和他的死所帶來的難以言喻的哀悼。

此外，經由這種在彌撒和領聖體儀式中一再重複的「精神糧食」，信徒與神建立一種身心合一的親密關係，將這關係作為對神的一種虛擬的認同，期待死後與神聯合；關於這點，神祕主義者深知箇中滋味（艾克哈特大師〔Eckhart〕[97-a]尤其熟悉）。對信徒而言，領聖餐具有更新的力量，使人得以預見神對他的安排。

自此之後，神父與各種聖禮──特別是彌撒──的關係就是，他是那位用儀式紀念基督的犧牲之祭禮執行者。作為神職人員，神父和其他眾信徒是分開的：他選擇一種生活型態，使得犧牲倒轉回到他身上，因為他必須為道德正直提供一個典範，所以過著苦行的生活。天主教中採取完全禁止來克制性驅力（和其他的生命功能不一樣），就是以絕對的貞潔控制性欲。這點上，我們可以

98

97-a　即Eckhart von Hochheim（1260-1328）的俗稱，德國神學、哲學家，中世紀智識份子代表人物之一。

說，人完全犧牲他的性生活以回應神基督至高的犧牲。

最後，基督教注重犧牲者的儀式確實有利於儀式的發展，隨著一年當中的季節，最高點是聖週（復活前的一週）、基督受難和復活。

說完了基督教裡犧牲形象的構成要素之後，我們將要觀察該犧牲形象的功能。

首先，基督化為肉身為世人犧牲，於是與他者（大寫的他者，如神，死亡，死亡代表著未知的事物）建立一種特殊的關係；即「新約」，它應許與神聯合的關係，以基督的道成肉身、受難、死亡和復活作為典範。透過這種調解，基督就是生命，也就是死後還繼續的生命本身，不僅心靈繼續存留，在最後的復活之後，身體亦將以新面貌延續。這個未來的生命，因原罪被赦免了而且不再犯錯，聖餐儀式強加了這方面的意義。所以，比起希伯來人的神所定的舊約，這個新約包含了完全不同的性質。新約的重點完全放在永生，人人皆可得永生，所有已死的義人也可得永生；基督教的普遍性於焉昭明。此乃天主教義的無所不在。

基督教信徒和神的關係也是通過啟示，由福音書（和《新約聖經》）所傳的佳音加以確認。此處，我們再一次看見傳布訊息的語言非常重要，在敬拜儀式中，敬拜使用的語言參與神聖的事物。究其實《新約》是用希臘文寫成的，（雖然有些假設說它們最初可能是用亞美尼亞語寫的，也可能是用希伯來文寫的）。我們將看見希臘—拉丁地中海世界蓬勃發展，基督教普遍性這個明顯的符號，是由一個跨越種族之間的競爭的傳播工具所承載傳播的。基督教於十一世紀分裂成東正教教會和羅馬公教教會，造成其分裂的最大因素是政治鬥爭，因此產生一條符合希臘帝國和羅

馬帝國版圖的語言分界線：羅馬天主教的彌撒是以**拉丁文**進行的。

我們再次注意到，啟示經文裡，甚至在聖杰隆（Saint-Jerôme）[99]的譯文裡，固定化的拉丁文已經過時，因為人民不再使用它了，一如東正教經文裡的古斯拉夫語。這些語言因此獲得一種神祕的榮耀光環，過去只有神職人員和博學者才懂得的，它們因而顯得更神聖。基督教普遍性至少隨著拉丁文跨越了國界，一如信仰上的世界語，人們對它的理解已經遭受相當的磨損，或者它根本是不存在的。於是，一切語言，涵義已固定的語言，一切教條式而不能轉譯的語言，就接近宗教的神聖。相反地，希臘文一直被人們使用，所以非常接近東正教所歸屬的基督教源頭。

從血親系譜來看，基督教的犧牲形象，我們看見在清晰的父─子關係當中，一如猶太教裡，子是受害者，但那是長大成人的神。基督毫無保留地完成了受難和死亡，神交出並且捨棄祂的兒子。有關**死去的孩子**的幻想，伴隨著一些能使領導人的教導和置身其中，得以成立的形象，所以他只能是一個已經長大成人的兒子，此處的「孩子」應當看作是出自同一血統的成人。

儘管如此，將一個無自衛能力的活人處死而產生的罪咎感──這是耶穌犧牲的例子──肯定也使人想起幻想中孩子的下場。

這種聯想關係使罪咎感更加複雜。因為，孩子的生存依賴大人，他可能把他者看成侵略者而又與該侵略者認同；這是一種與侵略性結合所維持的罪咎感，因為侵略者──神──曾經被認為是那位被冒犯者（因人犯罪而冒犯了祂）。通過與受苦者認同，又與那使人受苦的人認同，憐憫和罪咎感便相當接近。

在基督教的犧牲裡，身為神的基督會死亡（這點在一神教裡

是前所未聞的），隨後復活了，這使人們心裡把神與死亡連在一起
──「神已死了」，而且以難以察覺的方式引導人們認為那位不可
知論的神就是死亡。

100　　死亡是宗教最關注的事情。基督教把死亡當作人的欲望來處
理，因為基督的復活即證明，透過神，死亡可以被征服。於是，
對一切相信的人，永生是隨他信仰的堅定程度而增減的希望。這
個令人難以置信的永生的保障乃建築在人的欲望與對生命的幻想
上，還有人們對持久不衰的憧憬（我此處借用一個巴塔耶賦予新
向度的詞彙）。[10] 基督教的犧牲形象所帶來的益處是，人們接受了
真實的死，認為死亡只是一個過程，人類因此可以在工作中自由
玩弄他的性命；他們也能勇敢無懼地面對敵人的威脅；（一如烈
士與聖人）其英雄氣慨感動人而且征服他人；最後，這種與死亡
的關係，使每一個信徒的幻想更加鞏固，所以也成為信徒們更加
團結的誘因。

　　基督教疏導妄想症傾向作法，乃是以一種特殊的方式，建立
在神是愛的啟示上；基督教中的情欲狂（érotomanie）確實比猶太
教中神的選民說所涵藏的更明顯。因為犧牲兒子是神對世人的愛
一種過分的保證。祂的愛具有普遍性：凡是接受神的啟示的人，
不分國籍，都是基督徒。此外，神對每個信徒親密的愛也激起了
他以愛神作為回應；於是每一個靈魂和神之間的交流就變得非常
重要，而神祕主義最能顯現這種屬靈（精神）交流的重要性。

　　在痛苦和壓迫方面，基督受難是信徒想像的焦點。人格化和
戲劇化產生了許多殘酷的、虐人的且令人難受的意象，投射在受
難的耶穌身上。我們可以預期這些再現的形象具有淨化的功能，

10　　參見《愛欲》（L'érotisme, Ed. de Minuit, 1957）。

譬如聖週期間，它們有助於潔淨信徒的意念。從基督受難當中，我們還可以觀察到一種罪咎感的投射，指定犯罪的人（例如猶太人），然後針對他們執行迫害性的制裁。

我們在這種模式般的痛苦再現當中，看到屬靈的生命與屬世 101 的生命之間出現一種極特殊的交合，一種矛盾的關係。面對死亡，精神主宰一切，還帶著挑戰的態度（「死啊，你的得勝在哪裡？」）；不過，因有道成肉身的例子，基督徒頌揚屬世的生命，完全接受屬世的生活；在團體裡，人們像接受祝福般地接受生命；比起基督所承受的苦難，自殺是懦弱的行為，而且沒有盡到個人的社會責任。基督教具有普遍性，並且它要求廣傳福音，於是帶來了暫時的征服，這些征服又幫助了宣教的發展。當君士坦丁大帝於西元312年在米勒又斯橋上戰勝了馬克桑斯（Maxence），神顯然幫助了他，基督教從此成為羅馬帝國的國教。這次的帝國統一帶給了神權國家極大的權力，加強了武力征服和權力排場、暴力事件和專橫嚴厲的審問調查。但是，耶穌的榜樣明顯昭示了，基督教的使命不僅僅是要用公義和愛獲得地上的勝利，於是基督徒屬靈的生命和現世的命運之間出現了根本的分歧。屬靈的永恆性與屬世的暫時性，這兩者之間的對抗有時候會演變成衝突，然而其中所蘊藏的活力卻有利於屬靈生命和屬世生命的進展。[11]

暴力的調節照理當回應一個理想，在基督教裡，那就是毫無保留的愛，甚至對敵人也是如此。這正是在弔詭當中所使用的一個有效的方法，觸摸到人的心靈，並且以此傳播基督信仰，達到

11　參看枸雪（M. Gauchet），《人世間的解除魔咒》（*Le désenchantement du monde*, Gallimard, 1985）。

普遍性，使人歸向基督教，同時凸顯出人的罪惡和人需要憐憫。事實上，基督教世界的歷史演變顯示，非但侵略性有意地在防衛性的戰鬥中或征服性的戰鬥中（例如，為了解救聖地而發動的十字軍東征）向團體外面發洩，而且在基督徒的團體內部一再發生流血衝突，**還是以宗教為理由**發生的，以便重新劃分裡面和外面的界線。關於這點，我們看看幾個重要的歷史事件便明白了：公元最初的幾個世紀裡針對教義上的異端所發動的暴力活動；東羅馬帝國教會和西羅馬帝國教會之間的紛爭；自從拉丁人於1204年圍攻君士坦丁堡起，導致拜占庭帝國的沒落；羅馬公教（天主教）與改革派教徒之間的宗教戰爭。歷史中所發生的一切流血事件，好像都要強調愛，並且**撇開性**不談，只承認世俗的美德和成就，因此反而大大地增加了性欲驅力的儲存量。人們用兩種方式來清除所積存的性驅力，一是以文化活動使之昇華，二是以戰爭和武力征服使之鬆解。這就是西方文明世界過去的命運。人們仿效基督的自我犧牲，從消極被動地補償所受的痛苦也可能轉變成積極的報復行動，從而激起他們向外拓展的力量。

不過，我們現在必須預見基督教的犧牲特有的結構所造成的兩個主要的後果。

罪惡的處理於是按照一個特別的圖式出現。那是作為神話的**原罪**，把人心中普遍存有的幻想，用**一個**最為根本的罪的形式，指涉源頭。死亡欲望所針對的對象，可以是父也可以是子，同時概括了世代之間的衝突，以主動積極的方式，控制著面對死亡卻無能為力所引發的焦慮。佛洛伊德，特別是萊克，[12] 曾經作過貢

12　參看本書第一章〈破壞〉與第二章〈犧牲的功能〉。

獻，把原罪下面暗藏的希望父親死去的願望揭露出來；萊克還認為，在亞當與夏娃生存的人間天堂樂園裡，分辨善惡的樹可以被視為理想化父親的圖騰。

以至於，在罪咎感達到最高點的同時，既然神自己已死了，基督教就很清楚地顯露它那個無意識的理由。如此一來，深刻的動機出現了一個尖銳的啟示：耶穌的犧牲也可能是一個懲罰，懲罰那個希望父親死去的兒子。而這點在基督教教義裡**完全是無意識的**。更準確地說，聖子的復活也包含了饒恕，由於那位與聖父平等的聖子，自由解放的可能因此彰顯在西方的歷史過程中，它所造成的最終的結果也為無神論之形成作準備。

有關觸犯至高者的罪惡（得罪神而造成祂的兒子受難），基督教提出了一些有效的調節方法。

我們找出四個**平均地**被使用的機制；或許就是這個多元性使基督教具有特殊的面貌。

（一）以極特殊的方式維持**贖罪**。基督受難的例子作為訓練信徒，行善並且以不同方法拒絕世俗的享樂。宗教的命令給予有組織的形式，其中最嚴謹的形式可以是最神祕的苦行主義（沙漠中的隱居修士傳統）。

（二）**饒恕**是藉著基督的犧牲而獲得的。但在現實生活中，饒恕是由信徒坦承其所犯的過錯、認罪和懺悔得來的。

（三）與神**修好**，對信徒起著作用，對於他人則是饒恕，因為**慈善**和**愛**是修好與饒恕的動力。

（四）最後一個機制是**修復**（la rèparation），這是克萊恩派的精神分析曾經強調的治療方法，修復乃對他人承認自己犯錯並修

103

補曾經造成的傷害。

上述的四種機制，精神分析都非常清楚，而且它對抗憂鬱症的方法當中也包含它們。

我們注意到，我們對基督教調節罪惡所預期的結果也是相當多元的：信徒重新獲得神的愛，其良心也重新擁有平安，換句話說，就是處理罪惡，解決罪惡問題。他們所得到的回報，首先就是基督教特別應許的永生。不過，間接地俗世的好處也沒有被基督教忽視。最後，在自己身上完成的**犧牲**特別能回應基督的犧牲模式。

我上文已指出基督教裡對**性的譴責**所具有的重要性。在基督教思想中，這個譴責是無時無刻不存在的，而它所作的示範絕不曖昧。[13]我們倒要注意，天主教組織裡絕對的禁止性行為，僅針對神職人員、修道士和修女。這種宗教組織因此提供了一個特點，即一般信徒可以輕易地僭越，一如個人與欲望的關係。如果人們把這種僭越視作個人對社會所設立的嚴厲性禁忌之理想所作的違抗，那麼巴塔耶對人們——甚至在婚姻關係裡——使用這種僭越的現象，已作過精闢的介紹。

我不再重述有關虔誠地遵行宗教規定：祈禱、聖禮、嚴守生活道德，或者更直接和犧牲相關的戒除和禁食之規定。

基督教並**不禁止神像**，這點很值得注意。我們應當把不禁止神像和**拒絕性**並列觀察，[104-a]就能得出一條規則：性與神像的對立。在猶太教和伊斯蘭教裡，這種對立情形卻正好相反，即禁止

104

13　參看胡賽勒（A. Rousselle），《淫亂》（*Porneia*, PUF, 1983）。

104-a　中譯註：這裡主要指天主教，所以神職人員與修士修女不准結婚也不准有性生活，但是，宗教改革後的新教沒有這個性禁令。

神像但不禁止神職人員有性生活。

在基督教歷史中，神像派和反對神像派過去曾經就神像問題發生流血的衝突，最後於九世紀在拜占庭確定了不禁止神像。這個決定帶來了難以估計的影響（不過，希臘東正教和羅馬天主教對神像又有各自不同的規定）。必須說明，該決定乃依據基督道成肉身的精神而定的，為了使信徒看得見也摸得著神。這個開放的想法是建立在，信徒能夠在細節上想像基督的生活和他的受難，以達到自我修養。效仿耶穌基督是基督徒生活的中心。因此，基督的聖像便在這方面起著作用。這個特點同時表示，人類盲目拜偶像的傾向完全被拆除了，因為神像裡所有的細微差別都清清楚楚地畫定了（對偶像盲目的崇拜與欽天大禮是不同的）；信徒應該肯定清楚地分開神和祂的代表，才能使一切加在聖像的褻瀆都無法玷汙神自己。准許神像存在也是一種宣告方式：**信徒不再受制於其他任何的再現形象，他們的思想是獨立的**，在這個情形下，代表神的聖像從此便可以毫無危險地發展。這也使人在思想上發展深思熟慮的能力，使行動完全受意念主宰。從此，關於犯錯的想像而且耽溺於其中，也應該加以控制，因為人們是可以只在思想上和意圖上犯罪。

我們還看見一種關連，即聖像和母親的地位（此處是處女馬利）是同時展現的，人們無法把她的形象和耶穌的生活及其受難悲劇分開。所以，基督教的犧牲形象和猶太教及伊斯蘭教所形成的對立包含了三個要素：准許神像，基督的聖像經常與母親相連，拒絕性生活。 105

我們可以將新教徒的立場，即重返沒有聖像的決定，接受牧師擁有性生活，批評崇拜處女馬利，解釋成基督教的辨證運作，

開啟了通往抽象理性的思考之路。

最後，這些禁令和解放所形成的整體，把西方世界帶往重視自然的方向：自文藝復興以降（通過古希臘思想），人們因為對身體的興趣而觀察研究大自然，人體是世界萬物當中奇特的事物，也是重要的藝術作品的創造材料，人類從其中清理出理性邏輯，從此發展出科學研究成果。雖然如此，在基督教的奧祕裡——三位一體神，道成肉身，復活，基督犧牲的神話安排其結構形式化，並且對欲望產生推進作用，假若沒有給未知的事物保留一個重要的位子，則不可能有這樣的發展過程與結果。

伊斯蘭教

伊斯蘭教（即回教）[105-a]現在已有八億多信徒，他們認為這是抵達真理的唯一道路，達到穆罕默德所宣講的最嚴格的一神教。就此意義看，先知穆罕默德已經把猶太教和基督教作了「改革」，而且「返回到亞伯拉罕的真教義」。[14]伊斯蘭教承認猶太宗教經典裡的古代先知，並且承認它本身即屬於此一系譜。但是與猶太聖經中所敘述的犧牲事件相較之下，伊斯蘭教提出另一種敘事；此外，關於耶穌，它不承認耶穌的神性，不接受他為世人死在十字

106

105-a 中譯註：伊斯蘭教（Islam，又稱回教）於西元七世紀時由穆罕默德於麥加（Mecca）所創，依教義不同分為遜尼（Sunni）、什葉（Shiah）、蘇菲（Sufi）等派別。穆斯林（回教徒）信仰唯一真主阿拉，認定的先知有七人，分別是人類始祖亞當、塞特、諾亞、亞伯拉罕、摩西、耶穌與穆罕默德，並奉穆罕默德為最後的先知。接受由神啟示的經書有四：《摩西五經》、《舊約》大衛聖詩、《新約》四福音書以及《可蘭經》（《古蘭經》），而以《可蘭經》為最重要的啟示。

14 根據布巴克（Cheikh Si Hamza Boubakeur）的說法，見《伊斯蘭神學的現代論著》（*Traité moderne de théologie islamique*, Maisonneuve & Larose, 1985, p. 337）。

架上，也拒絕他的復活（《可蘭經》，4，157）。

從基督教的三位一體的神回到獨一神，伊斯蘭教要求信徒順服，也就是把自己交托給阿拉真神，信靠祂和祂的先知，接受祂的啟示以及《可蘭經》裡的規定。這種順服的典範是亞伯拉罕的獻祭，它是伊斯蘭教結構的最極致的中心。

在伊斯蘭教裡，亞伯拉罕犧牲的根本意義——伊斯蘭教的齋戒月期間的各種儀式，麥加朝聖和燔祭很明顯帶有這個意義——在於容許指定**代罪犧牲者**。伊斯蘭教犧牲的前身是亞伯拉罕的犧牲，作為紹承猶太教的穆斯林（即回教徒），該犧牲是他們的座標與範例。這種與過去的關係乃延續了族長時代的宗教精神，其中關於犧牲的執行，可以說是一而再地被迴避了。只留下對兒子的明顯的威脅，一如亞伯拉罕犧牲事件裡的威脅。與猶太教不同的是，伊斯蘭教裡，順服主宰一切。事實上，關於犧牲，伊斯蘭教提供了一個截然不同的版本：

（一）首先是，亞伯拉罕所犧牲的不是以撒，而是夏甲（Hagar）的兒子以實瑪利（Ismaël），他生在以撒之前（那時候以撒的母親撒拉仍不能受孕）。[106-a] 穆斯林的傳統是逐漸定型的（《可蘭經》第37篇，101-106的註釋），認定以實瑪利是代罪受害者（參看布巴克〔S. H. Boubakeur〕的論著，p. 139

106-a 中譯註：夏甲原為撒拉的埃及女僕，在撒拉之前為亞伯拉罕生了一個兒子以實瑪利，後來母子倆因故被趕出家門，在曠野中迷了路，用光了糧食和水。因不想眼睜睜看著孩子死去，夏甲將以實瑪利放在小樹下，自己則躲在遠處哭泣。此時天使出現，告訴她神會庇祐他們，接著母子倆便發現了清泉存活下來。以實瑪利長大後娶了埃及女子為妻，並被視為阿拉伯人的共同祖先。詳見〈創世紀〉第十六章及第二十一章。

15　參看德尼茲・馬松（Denise Masson），《可蘭經與聖經中的一神論，教義之比較》（*Monothéisme coranique et monothéisme biblique. Doctrines comparées*, Desclée de Brouwer〔1958〕, 1976, p. 367）。

sq.），以實瑪利是亞伯拉罕的長子，被認為是阿拉伯人的祖先。[15]

（二）由於亞伯拉罕的全然順服，他的犧牲帶來與神的立約：

「他的上主對他說：『順服！』

他回答：『我順服世界之主！』」（《可蘭經》，2，131）

（《可蘭經》，德尼茲‧馬松譯本，七星文庫〔La Pléiade〕, Gallimard, 1967）

107 （三）這個關係當中，神的全能完全彰顯出來，伊斯蘭教卻不承認和割禮有任何關連；它還認為，與神所立的約當中會帶有割禮這樣的條件是可笑的。可蘭經裡並沒有提及穆斯林世界中所實行的割禮，但是，回教徒實際上有割禮的習俗，他們忠實地給三歲至十三歲之間的孩童施行割禮，所以是有意識的活動，而且對孩子而言，克服受割禮所需要的勇氣，猶如接受一種啟蒙的儀式，可以潔淨身心。總之，穆斯林傳統上將這個習俗上溯至亞伯拉罕。除此之外，舉行割禮的過程當中，人們也宰殺動物以獻祭（羊類或山羊，布巴克，p. 266）。

結果，神的權柄和父親的能力因此大大地理想化了，而且更加鞏固。可是亞伯拉罕的犧牲卻被導向以實瑪利的後裔，他們順服與神所立的約，其中沒有規定非行割禮不可，但是男孩們仍舊必須經歷割禮驚人的考驗。

我們看見五端點結構說明圖中**領導者**的位子上肯定是**穆罕默德**，他是神差遣的最後一位先知暨使者（rasul）。穆罕默德的生活不僅在教導他人，用話語啟示並且立定法律，這些都收錄在《可

蘭經》裡；他的生活也等同軍事戰爭，充滿試煉、陷阱和迫害，卻促使阿拉伯眾部落統一。穆罕默德逃過許多謀殺危險，之後，他離開麥加，移居麥地那（西元 622 年，聖遷之後希吉來曆（l'Hégire）紀元的元年），巴德爾（Badr）獲得勝利，接著是巫乎德（Uhud）慘敗，穆罕默德在這次慘敗中差點喪生。八十多次的出征使他成為宗教鬥士，身經激烈的戰爭，可能變成犧牲者的下場，在勝利中一次次地被克服了。

　　從此以後，信徒以令人難以置信的速度快速增加。伊斯蘭教反對多神論，反對崇拜偶像，高舉具有統一功效的一神教。除此之外，不同於猶太教和基督教，它要求信徒與「不信者」有所分別。

　　它使用的語言是阿拉伯語，以先知啟示的語言強制作為書寫《可蘭經》的語言，也成為伊斯蘭世界祈禱用的語言，因此被視為 108 神聖的語言，嚴格要求信徒遵守使用（除了翻譯中一些被允許的規則化了的例外）。伊斯蘭教徒背誦阿拉伯文經文，即使他們的日常語言或方言不是阿拉伯語（例如土耳其語）。

　　伊斯蘭教的統一性不僅在於它的信徒信仰獨一神而產生的一致性，也在於統一的宗教語言，在於組織縝密的規定，還正如巴塔耶所說的，在於它的軍事組織。[16]這些因素加起來就帶給穆斯林社會極大的穩定。我再加上一點，亞伯拉罕的犧牲對伊斯蘭教所起的功效，把族長時代的領袖的權力加強到極點，在根本上對上述的狀況作出貢獻。

　　因為我們在伊斯蘭教的儀式裡和他們種種的教規裡，也在各

16　參看《宗教的理論》（*Théorie de la religion*, Gallimard, 1973, p. 152）。

種犧牲祭祀裡，看見他們經常引用亞伯拉罕。在他們極多的教規當中，應當特別指出兩種對穆斯林世界具有重大意義的規定，即去麥加朝聖與羊羔犧牲節（土耳其語叫作Kurban bayran）。

去麥加朝聖是所有的穆斯林都極熱忱想做的事，（完成朝聖之旅的信徒可以被稱作**朝聖者**某某人），這其實是「對亞伯拉罕犧牲的大紀念」。[17]

事實上，這個一年一度的朝聖是在第十二個月的前十日之內完成的。信徒先到聖地之一的卡巴聖殿（Ka'ba），這聖殿可能是由塞特（Seth）建造的，但毀於大水災，之後由亞伯拉罕在以實瑪利的輔助之下重新建造（《可蘭經》，2，127）。規定的朝聖路線會到達一個叫作亞伯拉罕站；隨後，在撒發（Safa）和馬爾瓦（Marwa）之間，從前夏甲和以實瑪利在那裡向神乎求，求水以止渴；信徒便在該地飲喝贊贊井（Zamzam）的水，以紀念他們母子兩人向神求水事件；第九日是朝聖的高潮，信徒在阿拉法特（Arafat，意謂認識、承認）山上默想，這一站表示在神面前；在那之後，離密那（Mina）不遠處，信徒連續三天丟石頭，紀念亞伯拉罕抵抗誘惑他的撒旦；最後，第十日也是朝聖的最後一日，信徒在密那宰殺一隻反芻的動物，以紀念亞伯拉罕獻以實瑪利時所宰殺的羊羔，該事件就在密那的「誘惑和獻祭山」發生的。這就是說，如果朝聖這件事是回教文化生活的中心，他不僅總結了朝聖之旅，而且接著舉行「髮祭」，並且在同一日，世界各地的穆斯林都按著禮儀規定（割喉放血）宰殺羊羔，因此猶如重複著亞伯拉罕宰殺羊羔獻為燔祭。**這是伊斯蘭教歷史中最重大的節日。**這日，信徒

109

17　參看加德（L. Gardet），《伊斯蘭，宗教與社群》（*L'islam. Religion et communauté*, Desclée de Brower, 1972, p. 129）。

舉行紀念活動，宰殺一隻牲畜完成了犧牲儀式。當然不用說，佛洛伊德和萊克對亞伯拉罕獻祭的涵義所作的分析和闡明，也可以用來解釋穆斯林虔誠地遵守宰殺羊羔的規定；這個犧牲規定全然是**無意識的**，但是對穆斯林的良心而言，把神處死是褻瀆之舉，是他們難以接受的。在伊斯蘭教徒的宗教生活當中，儀式化而且佔中心位置的**流血的犧牲**，給那些為了信仰而自願捨命——死的典範——的鬥士所作的犧牲一種意義。

　　概括伊斯蘭教五個支柱的規定非常詳細地說明**罪咎感**的處理：信仰的表白（在神之外無別的神，穆罕默德是神的使者）；每日祈禱五次；嚴格規定並要求每個信徒切實遵行大淨和小淨，繳稅和濟貧稅；守齋戒；去麥加朝聖；應該再加上伊斯蘭教信徒對異教徒展開的聖戰。當信徒沒有遵行禮節，或在道德法律上犯了過錯，他們贖罪的方法是**悔過**，實際向他們所傷害的人道歉，忠誠地奉行上述的信仰支柱。如果對公眾犯了嚴重的過錯，團體則懲罰犯錯者。

　　贖罪的目的乃在，以順服神而重新獲得心靈的平安，將來還能**永遠不死**。所謂最後審判，最終的復活以及進入樂園這些來世說的目標，與基督教是相似的，它是激起信徒行動和希望的主要力量。

　　在處理**暴力**方面，必須指出伊斯蘭教創立之後的幾十年間，伊斯蘭教國家最早的領袖也避免不了衝突和謀殺。穆罕默德本人 110 逃過一劫，但是穆罕默德第三個繼承人烏特曼（Uthmân）被殺死，第四個繼承人阿里（Ali，穆罕默德的女婿）也被刺殺，還有阿里的兒子胡賽因（Hussayn）也在卡爾巴拉（Karbala）被殺。伊斯蘭教從一開始就強調聖戰，因此帶來了慘烈的死亡。對只承認阿里和胡賽因是穆罕默德合法的繼承人的什葉派教徒而言，為聖

戰而死值得大大慶祝。這個教派使為聖戰而死從此具有犧牲的成分。

還必須指出，蘇菲派[110-a]出身的曼蘇爾・艾勒—哈拉吉（Mansour El-Halladj）（第十世紀）被回教團體以異端之名處死，後來的穆斯林神祕派的勢力將他當作座標點而紀念他（馬希農〔L. Massignon〕對亞伯拉罕的犧牲之不斷為後人循環極感興趣，為曼蘇爾・艾勒—哈拉吉寫了一本極重要的論著）。[18]

我們因此可以進一步說，在伊斯蘭教裡，領導者正處於兩條軸的交接點，一條是橫向軸，連接代罪犧牲者（潛在的而且以以實瑪利為其源頭的）和儀式犧牲者（毫無疑問是動物，以代替一個更高級的活物）；另一條是縱向軸，在父系制度裡，（與基督教正好相反），聯繫神與信徒；領導者在地上暫時的權柄就是軍事的和神權政治的：鄂圖曼帝國的蘇丹王也是卡里發（Calife，即穆罕默德的繼承人），於是，他必須承擔一種具有神聖性的雙重威脅，一方面，這種威脅使他靠近犧牲者，另一方面，為了使領導者的紹承永不停止，權柄和戰鬥中暫時遇到的阻撓對他也是一種威脅。邏輯上，什葉派教徒是在犧牲者阿里和作為第十二個伊瑪目（Imam）[110-b]再返人世的馬赫迪真主（Mahdi）的過程之間。伊瑪目建立這樣的結合，個人犧牲性命延續了伊斯蘭教之前的一

110-a 中譯註：蘇菲派（Sufi, Sufism），又稱蘇菲主義，為回教神祕主義宗派，強調藉禁欲苦行追求精神層面的提升，並經由沉思冥想開啟靈知之門，進而與真主合一。在伊斯蘭詩歌文學與教義上，蘇菲派具有非常深遠的影響。

18 《哈拉吉的激情，伊斯蘭教中神祕的殉道者》（ *La passion d'al-Hallâj, martyre mystique de l'islam* 〔1921〕, Gallimard, 1975）。

110-b 中譯註：最早是指穆斯林作禮拜時的領拜人，後隨歷史及各地區語詞的演變，引申出領袖、表率、祈禱主持及法學權威等意涵。伊瑪目在遜尼派中大致維持領拜者之意，但在什葉派中則代表教長，即人和真主間的中介。當代什葉派的分支十二伊瑪目宗則認定，從阿里開始總共出現過十二位伊瑪目，第十二位伊瑪目將復臨人世，帶來和平、正義與安定。

個犧牲典範，但其血腥程度仍然大大地顯露在儀式犧牲者身上。

聖戰因此意義深遠。不容置疑地，我們必須從精神層次來了解聖戰：大聖戰首先指的是「靈魂的努力」，被視作克服自己，以克己行動愈來愈靠近神。為公義而戰，即小聖戰，則是以武力使 111 神的信仰和祂的法律得以獲勝的戰鬥。聖戰並不是戰爭的同義詞，由於它是神聖的。蘇菲派的傳統仍遵守聖戰精神上的意義。儘管如此，信徒鬥士還是致力跟隨神的旨意，而不是努力消滅不信奉伊斯蘭教的人。[19] 他將自己的性命獻上為祭，因此為神作了最好的見證。他在戰場上的捨命是「所有受祝福的死當中的一種，抹掉他過去所犯的一切過錯，為他打開天堂樂園之門」（加德，同上，p. 133）。

在一段時間裡，這些信仰的情況應該會使阿拉伯少數族群在所屬領土上蓬勃發展。的確，在一個世紀的時間裡，伊斯蘭教在阿拉伯倭馬亞王朝（661 至 750 年）的統治之下，往東遠抵印度和中國，往西遠達西班牙，還威脅到普瓦提葉（Poitiers, 732 年），[111-a] 甚至君士坦丁堡（717 年）。稍後，鄂圖曼帝國從十三世紀至二十世紀（1924 年），是世界上最強盛的帝國之一，在唯一的王朝統治之下享有長期的穩定，[20] 並且於十六世紀定都於維也納，長期控制地中海沿岸大部分地區。

我們現在探討伊斯蘭教教義和儀式之間的關係。根據上文中已說過的妄想症和破壞性之間的對立，我們觀察到，伊斯蘭教產生於兩個重要的一神教之後，在教義方面顯得比它們更激進，也

19　《可蘭經》裡很清楚地定那些叛徒的罪，儘管他們是「聖書裡的人物」。

111-a　中譯註：在現在的法國中部偏西。

20　參看科茨克斯（Dimitri Kitsikis），《鄂圖曼帝國》（*L'Empire ottoman*, PUF, 1985, p. 3）。

更純淨：將神理想化，啟示，因語言的優越感，有時候因種族的優越感而成為選民，信仰一個無止境的全能，具體表現在暫時的權力和武力的征服裡。由於集體信仰所產生的團結，人們不再對**權力**、武力的針鋒相對或對主宰的權勢（即使用暴力）作任何恐懼的幻想。鄂圖曼帝國是多國聯合組成的強權。轟轟烈烈的死具有價值，國家領土的拓展，俗世短暫的政權與精神上永久的權力合而為一，這些因素共同促成了**神權國家**。但穆斯林的神權國家和基督教的國家不一樣，基督教國家的君王當然具有神聖的權力，但一直與神職人員和超自然的精神領袖完全分開。所以，伊斯蘭的神權國家（當今最明顯的例子是伊朗，甚至是利比亞），由於教權與政權合一，沒有必要面對宗教的審查（政權或者承受之或者拒絕之），一如基督教國家歷史中的宗教裁判（異端審問制）。穆斯林政教合一使得掌權者的權力更加鞏固。我們因此得出一種妄想症的圖式，如恩利奎茲（E. Enriquez）所描繪的，[21]其中，被揀選的人民的家族系譜因啟示得以確定，即伊斯蘭教確實紹承了前面兩個一神教（猶太教與基督教），並且志在取代它們。伊斯蘭教雖然承認猶太教與基督教的功勞，認為後兩者先它而出現是為了替它鋪路，假設自己比它們更優越。

112

伊斯蘭教教義以內在有機的方式賦予亞伯拉罕犧牲很特殊的功用，正如我們剛才所見的：宗教教義決定社會結構，並且隨著人口的增長，左右著回教國家的變化，如果按此成長速度，二十一世紀初，伊斯蘭教教徒將達十億。

當我們觀察儀式強迫性這一面，就會發現伊斯蘭教和猶太教有一個明顯的共同點，而從犧牲近似的功能上來說，這個共同點

21　《從遊牧部落到國家》（*De la horde à l'Etat*, Gallimard, 1983, p. 365 sq.）。

是可以預見的。

　　與基督教相反，在伊斯蘭教裡，性本身不被譴責。它只是得服從社會結構，得在宗教的規定和懲戒範圍裡進行。伊瑪目並不 113 特別推崇或恪遵獨身的要求。

　　伊斯蘭教和猶太教一樣，都嚴禁神像，敬拜的地方嚴格遵守這個禁令，可是，這也沒有限制了回教精采的抄本畫藝術。與此同時，如果女人在穆斯林的宗教神話裡沒有任何地位的話，必須順服傳統的一夫多妻制所加強的父權，在猶太教的傳統裡，女人還是可以以**母親的身分**在家庭和社會中握有權力。

　　關於迴返到自己身上的犧牲，伊斯蘭教義的五個支柱當中都提供了解決辦法。但是，祈禱和禁食含有指責的意味，信徒得天天祈禱，分五個時辰禱告。禁食在齋戒月期間實行，齋戒月猶如基督教的封齋期[113-a]，伊斯蘭教信徒白天裡完全不進食也不喝水，而天主教徒只禁食一晝夜。另一個差異是，既與猶太教不同也和基督教不同，伊斯蘭教的守齋目的不在認罪悔改，而在向神致獻，這是一個機會，讓他們向神表示歸屬祂而有的喜悅和驕傲，這正說明為何齋戒月期間，夜晚來臨時，伊斯蘭教信徒就歡欣（參見馬松，同上，p. 566）。

　　此外，伊斯蘭教信徒必須嚴格遵守飲食上的禁令：也就是像猶太教徒一樣，不吃不潔淨的肉品（豬肉），不吃血（代表靈魂），不吃悶死的動物的肉（沒有被割喉放血的肉），不吃自然死的或被分屍的動物的肉，最後，不吃拜過偶像的肉（參見馬松，同上，p. 566）。

113-a　中譯註：天主教封齋四十六天，從行聖灰禮儀的禮拜三至復活節。

　　最後，作為結論，伊斯蘭教的犧牲是，相信神和相信祂的啟示而犧牲理性，鬥士犧牲性命，作為進入樂園的保證，獲得幸福快樂而且長生不死。

　　在西方世界一直起作用的核心犧牲代表形象之間的比較，使我們分辨出每一個一神教有自己的結構，不僅指揮著該信仰，還主宰著信徒的現實生活、性生活、飲食、法律的制定、社會生活與發展、國家政權以及經濟發展。

114　　試圖抹掉這些具有決定性的作用——該作用回答信徒的理念和幻想，一如那些我們通常在人們內在發覺到的理念和幻想——將是徒勞的。把父親理想化成神，以作為人們的依靠和希望，並且對抗死亡，是宗教神話為人類建造的兩個憧憬。

　　我們在比較犧牲形象的過程當中，依據人們在想像中是否完成活人祭祀，會看見兩種對立的勢力。它們好像隔著一條由法律決定的分界線出現：一邊是已完成的活人祭祀，容許樹立神像但禁止神職人員有性生活，神像自由卻帶來了文化上和科學上的蓬勃發展，國家政權強大以及信徒數量大增（後面兩點也屬於儀式化的宰殺動物之祭禮的特徵）；另一邊則是按照最初亞伯拉罕犧牲的模式，即作為祭物的活人最終沒有被宰殺，禁止樹立神像和規定食物禁忌，神職人員的性生活基本上不被禁止。

　　我再說一遍，上述這些宗教犧牲神話仍然存在於我們的世界裡。儘管如此，每一個犧牲神話因其各自的活力，也可能因它們之間無法減輕的差異而互相對抗，因理智和科學思考的進步，特別是因推動它們的機制和幻想，一個我們可以稱作「後一神教」時代——非宗教性的而且是無神論的——還是開展了，由此產生了

對自由的社會的、經濟的和政治的理想。

這難道意謂犧牲的想像已經枯竭了？我將於下文中闡明，在這些被告發並且被打擊的、被人們有系統地消除的時期和地區，它們將以別的形式重新出現，我們可以用前面研究三個一神教的同樣模式，來偵察這些新形式。

我們最先觀察到的是，犧牲神話的核心——弒父——會造成集體即時的行動，人們認為弒父是集體行動一個極明顯的起因，所以努力要消滅它。如此一來，人們就發起打擊代罪羔羊的行動，該打擊行動的源頭因此結合了作為弒父的對象的父親與作為代罪無辜者的孩子（即兒子）。

以至於，團體要在現實中打擊代罪羔羊的共同意願使父親的尊嚴更快地喪失，也使犧牲源頭更快地衰弱。這與一神教神話相反，它們對弒父一直懷有無意識的保留。

我們也注意到，在古代希臘，他們最初的三代祖先之建立過程正是父衰退而由子繼承其位。第一代是烏哈諾斯（Ouranos），他被他最小的兒子克羅諾斯（Cronos）閹割。克羅諾斯是真正的食人魔，吞吃了他的孩子們，以防被他們打敗，最後卻被他自己最小的兒子宙斯（Zeus）趕下王位；宙斯從此成為希臘眾神中最偉大的神。

此處，希臘神話所涵藏的幻想明顯地表現出來，符合佛洛伊德有關閹割的敘述，但其對象是父親，而且閹割取代死刑，死與父親吃人的野蠻行動相連。由於這個對幻想的客觀態度，希臘人得以首度置身於理性的命運；佛氏肯定繼續對這點保持高度的敏感度，因為希臘人主張多神論，這與一神教的潛抑正好相反。儘管如此，雖然希臘人製造了一個被打敗的父親形象，他們也沒有

115

129

在理想化的眾神世界裡給這位父親虛構出一個慘烈的死亡。根據一個我們知道的邏輯，正是從烏哈諾斯起，閹割的威脅可能殃及兒子，因為他轉身回頭向父，代替父親受死。最後，連被克羅諾斯吞吃的孩子們都重新獲得生命。這點已經納入眾神們絕對無法被摧毀的理想神話邏輯裡。這些神的「沒落」很明顯地出現在尼采時代，出現在華格納的史詩中，民族社會主義採用了這個沒落論，不是毫無內在理由的。

我們對一神教神話的梳理，因此突出了一個變形的新的犧牲形象，可以名之為政治。

政治形象

如果我們承認把政治當作知識的話，當作取得權力、保住權力或者去除權力的藝術和方法的話，為了以集體的理想統治城 116 邦、組織立法和規劃教育，政治是製造新興的神話之源頭；作為它們的根基的犧牲，從這些新神話當中再度湧現。我們現在必須觀察，犧牲從此如何依照五個極的模式來建構。

集體的理念取代了神之後，就提出一套社會制度，帶來一個團體的、一個階級的勝利，或者造成一個已解決的鬥爭的消失，製造一個重大的理由以支持某政權或某國家或某種族的存在，使一個源頭得以繼續存在或者被廢止。不論為了什麼理想，團體共同計畫未來發展的線索已昭然可見，而且該集體計畫也可能具有神聖的力量，因為在團體的計畫所要達到的目標尚未實現的情形之下，意外事件仍然有可能發生，某個非理智的因素甚至可能出現在最後的結果裡；而這些顯然都是無法事先預知的。這個對未

來的投射乃是要在不可預見的事物和未知的事物裡探索**神聖的**，而「神聖的」代表著「截然不同的」（按照奧鐸〔R. Otto〕的定義）。若要達到這個截然不同的目標，則需要犧牲。

於焉出現了兩種不同於一神教的犧牲類型——兩種都在**現實裡完成的犧牲**——且被看作集體行動事件：一種是**開幕式的犧牲**，具有強烈的象徵意義（即使那是在極端不公義的情況下所作的犧牲）；另一種是倒轉回到自己身上的犧牲，為了實現團體共同的計畫，個人犧牲他的財物、犧牲他的理性，必要時也犧牲他的性命。

在執行集體計畫的時候，一切行動得服從**領導者**的指令，於是，領導者此時握有極大的臨時權力，例如身為民主國家首領的政治人物、指揮戰鬥領導士兵的人、全能的主人或者專制的獨裁者，這些領導者當中每一種類型的人各自在不同的程度上，集合了眾人對**理想化父親**的憧憬。對現代的多數人而言，至高的神已不存在了，這種情形很可怕，因為人們把一切的希望都寄託在領導者這個人身上。成功和勝利當然使這個人大獲榮耀，但與此同時，團體也可能遭受人們所害怕的、所預見的或所等候的失敗，這失敗會削弱這個領導者的地位。也許當團體成員被要求付出的代價變得無法忍受時，他們私心裡盼望計畫失敗，因而導致領導者加速崩潰。

所以，除了神性之外，領導者身上承擔著理想化的全部重擔。以至於，他極需要與我的五極說明圖中上方的那一極建立一個距離，以分擔其重擔（詳85頁）。他的作法是安置一個**教條**、一種理論、一種「知識」，如我們今日經濟上的知識（馬克斯主義）、種族上的知識（納粹主義）、道德上和哲學上的知識（十八　117

世紀的啟蒙時代和法國大革命）。可是，當領導者的權力更大時，他傾向於變成這些知識理念的**化身和代表**。除此之外，領導者也努力將現行的理念（ID2）與在他之前流行的理念（ID1）分開。的確，所有的犧牲活動，既然它們必須作為一個起點，一個源頭，都完成了這個把今昔分開的工作。不過在這裡，我們不往前回溯到傳說的時代，而是在此時此地的現實生活當中參與這個最初的「世代」：犧牲活動正是以這個開創一新世代的名義，對群眾產生令人著迷的力量。

領導者卻也成為眾人所指認的**代罪犧牲者**，為整個團體承受迫害；當他接二連三地逃過迫害，成為漏網之魚後，他理所當然會被他的信徒們更熱烈地推崇。

於是，人們似乎必須以善惡二元對立的方式來保持一種持續的**分裂**：分開舊理想和新理想，以應許一個將來的勝利；分辨得勝的領導者和被打敗的領導者（使其作為潛在的代罪犧牲者之身分得以變成事實）；分開舊信徒和信奉新理想的信徒。

為了使領導者脫離變成代罪犧牲者的威脅，在戰鬥的混亂期間，他會要求眾人在團結和**共謀**裡更加奮勇往前並且更有信心；結果人們最終把邪惡投射到一個實際的受害者身上，使他成為犧牲的**代罪羔羊**，目的乃在將領導者從他所受到的威脅當中解放出來。

這個實際的代罪犧牲者可能是從前的領導者，如法國大革命期間法王路易十六的死刑就具有這個象徵意義，人民不僅摧毀了具有神權的國王，還使之成為代表邪惡的形象，但這其實是一個**嘲諷**的代表形象，因為路易十六本人並不是獨裁暴君；路易十六既然扛起了邪惡形象的代表，未來的領導者因而避免了擔任該邪

惡形象的代表。

從另一方面看，實際的代罪受害者也可能是由**一群少數族群**來承擔，例如集中營、被迫在沙漠中長途跋涉的人們、刑事警察屠殺無防衛能力的受囚之人等等，這些都是我們的時代裡可見到的主要的破壞行動，是人們為了保護他們的領導者和其理想免受任何攻擊而作的。

在一個國家裡，某個少數群體被認為是外來者並且被指控為替外人服務的情形之下，這個少數群體通常就會成為公認的代罪犧牲者。此處我們看到人們要消除一個**內在的敵人**，這個敵人同時代表了信徒們無意識的侵略性驅力，被團體成員們投射到**外面敵人的一部分**上面，因此抓住該少數群體的弱點以打擊他們。

納粹集中營裡殲滅猶太人之舉，就是以驚人的方式回應了這些功能：把希特勒的每一個信徒內在的破壞驅力，從一個希特勒——勝利者但一直很脆弱的領導者——轉移到個人內在目標，被界定，被送出，用其帶來的罪惡來加強同謀關係。代罪羔羊的功效因此昭顯出來，當然是在它偏移的作用裡顯現的。但在這個**投射**功能之餘，我們也應該指出一個倒轉回到自己身上的犧牲，在這過程中有主動的，也有被動的成分。

我不想把戰爭說成是群眾投入犧牲。在這方面，出現了一種善惡二元對立，而且雙方互相指控對方是惡，此二元對立尤其還有追溯效力：在勝利裡，戰死的人們將起消除邪惡的作用，因而建立無止境的和平，並且給**倖存者**——先給那些**參加過戰鬥的人**——製造一個結盟所需的認同特徵，因為他們曾經為了團體的共同命運而冒著個人性命危險，也給那些**將來被人紀念的**消逝者製造一個結盟的認同特徵。

118

　　人們對代罪羔羊所作的行為和戰爭之間存在著一種緊密的關係，這關係還是由它們兩者彼此維繫著。我倒要再次強調這個關係裡**罪咎感**的作用：人們對領導者的罪咎感轉移到受害者身上；對一個無辜受害者的罪咎感，在受害者所遭受的不公平由外面的世界負責的情形之下，該罪咎感會從團體當中消失；或者，當受害者自己──不論他多麼虛弱和無助，因其邊緣性、特殊性或任何一個被用作藉口的缺失──被視作是人們受苦的起因時，該罪咎感也會從團體當中消失。

　　雖然如此，只有當一個倒轉發生時，犧牲才發揮它最大的價值。第二次世界大戰期間，屠殺猶太人的行為很明顯地用了從前常見的**燔祭**。一個政權對某一群人所作的滅族行動，對代罪羔羊
119　所施加的**主動的犧牲**，就受害者而言，則是一種**被動的犧牲**；這個犧牲由一個無防衛能力的少數族群承受，對倖存者和受害者的後代而言，該犧牲具有重大的意義，條件是他們得記得先人的歷史悲劇，並使那段歷史記憶具有決定性的力量，以開創他們之間共同的理念。有人曾為文提過，[22] 希特勒屠殺猶太人的行動不僅對猶太人的遷徙起了部分的作用，還在人們的良知裡留下了犧牲的後果，促使以色列國的建立；也就是說，對那些從此能夠**選擇**不再留在移居之地而投入以武力保衛國土的猶太人而言，以色列國的國家主權，是散居各地的猶太人集體所作的許多個人犧牲換取的成果。

　　從這點上看，第二次世界大戰中的種族屠殺已成了燔祭，而且產生了一個倒轉作用：作為行動中已經完成的犧牲，這場燔祭具有開啟一個新時期的意義，因此，它已經遠離了亞伯拉罕具有

22　參看史坦納（G. Steiner），《A. H. 的激昂》（*Le transport de A. H.*〔1979〕, Julliard, 1981）。

潛在性和懸疑性的犧牲模式，而比較接近基督血淋淋的犧牲形象。但它又與基督教的犧牲有一個差異，因為耶穌的犧牲只牽涉一個人，但猶太人大屠殺是以整個族群為目標，許多猶太人因此喪生。

這樣的轉變改造了亞伯拉罕的犧牲模式。猶太教傳統的理念（ID1，一神教，以純正的血統承傳，代代相傳的風俗習慣）應當再加上猶太人大屠殺的歷史悲劇，才能使這件歷史慘案永遠不再發生。在這方面奮戰的「信徒」，就從那些繼續留在移居地的猶太人（F1）和那些成為以色列國民者（F2）之間分別出來，這些「信徒」在身體上和文化上拒絕與外邦人（非猶太教徒）共同生活，從此在國家主權上和對外交流上開拓出不同的關係。

關於領導者，我們前面看到猶太教裡以亞伯拉罕（M1）為中心，重新追求進入神應許之地，因而使摩西代表最原始的力量，並將這力量傳遞給那些以民主方式選出來的人民代表（M2）。這些人主導著以色列國（ID）的命運，使它將來繼續生存下去。

關於儀式犧牲者，毫無疑問地，我們在大赦免的宗教儀式裡再次看見他，但此時他置身在一個自由的人民當中。從世俗方面來看，大屠殺的記憶反倒支持了個人作出財物和性命的犧牲，為了使國家不亡，能獨立自主，繼續生存下去。 120

現代歷史——後一神論的歷史——裡行動中可見的犧牲於是具有這個特徵：犧牲作為開啟某一個時代的歷史事件，引發受害者慘烈死亡，凸顯出團體中強烈的張力和社會內部的分裂，而這些都是代罪羔羊所屬的團體特有的現象。因此，我們看見：

（一）拒絕源頭，一個團體的源頭（具有神權的王，或者納粹黨，

基督徒的猶太源頭和西方文明的猶太源頭），對抗一個新的
源頭，這來自犧牲象徵意義的改變。

（二）受害者被認為應該為邪惡負責，對抗被宣告無辜的／同一個
受害者。

（三）承載一個固有的而且無法除去的邪惡的受害者，對抗屬於殺
人者的邪惡或邪惡投射在其身上的受害者，這是殺人者有意
識作的投射，但經常是在不知不覺中作的。

在這種新的結構裡，一切的犧牲所完成的「改革」都只是歷
史的一刻，而且依據人們運用該改革的方式，它可能演變成殘酷
的惡劣行為或者變成如最初的神聖活動，這「改革」帶給殺人者
和受害者一些雙向的功能。

在新的結構裡，罪咎感便與責任感一起被投射，團體於是產
生一種同謀的聯盟，尤其當人們同時意識到罪咎感和責任感。相
反地，受害者的繼承人可能會看見他們的族群人數逐漸增加；這
些增加的人，作為倖存者，既沒有受過苦也不知死亡的箇中味，
但他們之間互相扶持，可能會覺得別人已經為他們的生存付出代
價而深以為愧疚，所以想彌補，這種情緒有助於創造一個新的和
諧。

在後一神論的時代裡，顯然地，預期的好處和快樂只能是短
暫的。但超驗性藏在人們所期待的事物裡，棲身於未來。想勝過
死亡，就得冒生命危險以獲得超越死亡的勝利。

在這樣的局勢當中，領導者就取得一個極大的權力，「精神
上的」親屬關係把所有的個體歸結在父親身上（人民的父，民族
之父，猶如至高的領路人）。

　　與此同時，暴力並沒有被消除，人們只是將它引向團體之外的敵人，因為團體內部的團結不容許暴力存在，即使它暫時還沒有作好內部淨化和審查的工作，以排斥一切外來的不良的影響。

　　結果是，我們可以說，在這種「暫時的」結構裡，起了作用的妄想症表現出來的症狀，最先是對敵人的迫害；關於人們對領導者的愛慕方面，症狀是群眾激情萬分，因為領導者被人們大大地理想化成暫時的救命英雄。

　　如果我們現在觀察倒轉回自我身上的犧牲——還是在後一神論的情形之下審察這個問題，和以往的禁忌隨後導致的解放，這一主題卻消失了。禁止或者不禁止神像，已不再是問題；相反地，媒體充斥著形象，壓迫著我們的良知：人們**看得見**性關係、謀殺和卑劣無恥的行為。然而社會同時也存在著一個對形象更廣泛的控制，既要求將擬態和實際完成的行動分開，又對**強**加給各個年齡層觀眾的廣告實施官方檢查，使用一個無孔不入的道德抽檢。在性生活方面，雖然已經有某種肯定的跨越，它還是受制於社會經濟的要求和現行的種種勢力。

　　關於禁止思考，原則上，對世界、對物質傾向、對大自然、對人體以及對驅力的生命，已經不再禁止人們進行思考。我們應該指出，這個進展正是歸功於精神分析，至少在它沒有被拒絕的範圍裡。針對這點，在三個方面出現了新的要求：一是真理與科 122 學知識方面，二是工作與社會生活方面，三是戰士般的警戒方面。每一個方面都有個人在以集體為基礎所作的個人犧牲。這些義務所造成的種種，甚至是最為極致齊一的系統當中，人們仍然無法逃脫新的禁忌，例如：排除不合邏輯、奇想、懶惰、非暴力，或如剔除教條主義、強迫人瘋狂地工作；無政府主義的暴力

和各種形式的僭越就從此找到起點和推動力。

在宗教神話消失之後，將出現的情形是，它們將被其他的**意識形態**取代，這些意識形態是被理想化的強迫性系統，目的是為將來短暫的幸福而安排生活。這樣的系統有它們自己的政治犧牲形象，有時候由一個開幕式的人物使犧牲形象具體化，但若沒有這樣的人物，人們就會預期倒轉回到自我身上的犧牲。

我們於是用**政治犧牲**來對抗一神教神話和創建這些神話的犧牲；當不同的勢力針鋒相對時，當戰爭發生時，就會出現政治犧牲，使得勝者得以有行動的理由。其結果是，勝利的人設定大家得遵守的規則。事實上，權力的取得或政變都使用了某種強迫人的力量，強制每一個人作出犧牲，而且在領導者和他的理想的籠罩之下，個人的犧牲觸及了性生活（譬如，中國的人口太多，所以必須限制生育），個人的思想自由也被縮減成遵守一般的思維主線（新的意識形態就是由它決定的），個人還經常受到思想控制；此外，因為投入戰鬥的人數眾多，又因為科技的進步，戰鬥中的生活本身變得特別具有殺傷力。今日，戰爭主導理念，為它們作準備或者避免發生戰爭；無論如何，所有政策的決定都考慮了戰爭這個因素。很明顯地，目前和大規模的徵調士兵有關的最大紛爭，都是發生在一神教的神話之外；無神論並沒有排除犧牲，對源自猶太—基督教的國家而言，史達林格勒之役就是一個例子。我們可以預見，當代原子彈的威脅代表一種犧牲，這犧牲不在源頭，不固定在某個神學形象上，也不在傳說中叫得出名字的人物上，因為原子彈的破壞性關係到全人類，用絕對的權力回應「神已死」。那麼，神話**可能屬於實在的權力，屬於一個我們摸得著的未來，屬於我們可以來阻止人類消滅的方法**。

　　儘管如此，在這方面，新的神話還是毫無疑問地在當今世界　123
裡逐漸形成。勝不勝過死亡，端賴個人的生活目標是否要努力超
越死亡，也靠個人所作的倒轉行為。性含有情欲裡負面的動機，
透過一個複雜的過程，把愛提升到它最高的昇華境界。在科學的
真理和知識裡，科學已抵達未知的事物。可是，在另一個極端，
我們是否應該預見心理破壞可能出現的形式，以反抗最多數人相
信的理念，因為這些理念可能變成集體殘殺當中**犧牲**的對象，戰
爭的血腥屠殺不是唯一的例子，我還想到圭亞那（Guyana）和其
預言者，[123-a]整個社會被精神病所控制。

　　也許，我們應該預想一種運作，擺盪在犧牲神話形象和神聖
意義的血淋淋的具體犧牲活動之間？

　　不過，宗教還沒作出最後的結論。它們還能夠以變形的犧牲
神話再湧現，甚至在科學的理性思考之核心內湧現。

123-a　中譯註：請參閱本書第177頁譯註157-a。

【第四章】佛洛伊德的犧牲神話

　　佛洛伊德指出了亂倫與弒父緊密結合的普同性，此舉不僅是 124
揭露了人類不願承認的欲望，出現在他早期作品中的伊底帕斯情
結直到晚期的摩西，同時對於精神分析的社群以及我們的西方意
識而言，佛洛伊德也將這些人類的欲望，以犧牲的神話作為呈現
方式，烙印於當代的神話當中。

　　他思考的這個面向，對後者（西方意識）而言，往往被斬首
截肢，而前者（精神分析的社群）則傾向將其簡化為一個名稱：
「情結」（le complexe），但無論是前者或後者，佛洛伊德的發現都
不會因此而被改變。我認為他在神話方面的主張，以精神分析獨
特的覺察方式，回應了我們這個時代中，一種不明確，乃至被輕
忽的等待。

　　首先檢視我們適當地稱之為伊底帕斯的犧牲的神話，此舉並
非要進入傳統的對伊底帕斯傳奇的希臘版本的討論，也不是要給
予它種種不同的解釋，我將討論限制於佛洛伊德謹慎處理的元素
當中，也就是將伊底帕斯情結作為禁忌與欲望的關係中的一個例
子。伊底帕斯情結作為神話，並不僅是它高度濃縮了精神分析理
論的起源，而且更重要的是，不論是基於無意識或是基於無知，
不論是基於獨特的直覺或是基於一種祕而不宣的精準性，伊底帕
斯情結賦予了「犧牲」一種獨特的外型輪廓。

　　伊底帕斯情結之於犧牲的神話，茲事體大。比起任何環繞著 125
此情結的其他神話，我們可以說，在此我們找到了集體意識與其

理想的奠基，在攸關暴力與罪咎感方面，支撐著共同的願景。

佛洛伊德在《伊底帕斯王》（*Œdipe Roi*）[125-a]當中察覺了命運的悲劇性。[1]除了被一種奇怪的盲目所宰制之外，這主題明顯地表達了，眾神與人類結盟，將伊底帕斯作為**代罪犧牲者**（victime émissaire）。首先，一種神聖的預定，經由神諭的方式，使得伊底帕斯成為贖罪的犧牲。但是我們仔細思量，雙親將剛出生的嬰兒視為犧牲的祭品的行為，如果不是希臘當時已相當普遍，日後羅馬人更為雷厲風行，那麼便沒有任何理由可解釋這種行為。我們也不願意不加思索地將克律西波斯（Chrysippe）的事件只當作是對雷俄斯（Laïos）的處罰，[125-b]對伊底帕斯而言，不公平是非常明顯的。父親的過錯並不是依邏輯推演而由兒子償還，無論是索佛克里斯（Sophocle）或佛洛伊德都不支持這種想法，而是無疑地要突顯伊底帕斯的無辜，可怕的命運正是神諭所顯示的：當瘟疫降臨，暴力充斥於底比斯城（Thèbes），社會充斥危機感的時刻，犯下不赦之罪：弒父、亂倫，動搖了整個社會組織的罪惡。

但是最重要的，是要以嚴謹的態度來強調，作為**代罪犧牲者**的命運被如下的事實所突顯：伊底帕斯渾然不覺他在家族系譜中

125-a 中譯註：因為在下面正文中，屢屢出現相關人物、地名、故在此贅述伊底帕斯的情節，以方便不熟悉希臘悲劇的讀者。由古希臘悲劇作家索佛克里斯（Sophocles，約496～406 B.C.）於西元前427年依據著名的希臘神話故事創作的悲劇，描述底比斯城（Thebes）的國王雷俄斯（Laïs）獲神諭預言自己將被親生兒子刺死，於是派侍衛將甫出世的兒子伊底帕斯帶往深山殺害。侍衛不忍殺害嬰兒，將其棄置荒野，被牧羊人發現後，輾轉交由無子嗣的科林斯國王收養。伊底帕斯長大後在一次爭吵中無意間殺了生父，並因解開人面獅身怪獸的謎語而被推舉為底比斯城的國王，還娶了自己的生母尤卡斯達（Jocasta）。多年後底比斯發生瘟疫，當獲悉受詛咒的原因是自己的弒父亂倫之舉後，尤卡斯達自刎身亡，伊底帕斯則刺瞎雙眼自我放逐。

1 《夢的解析》（*L'interprétation des rêves*, PUF, p. 228）。

125-b 中譯註：雷俄斯年輕時曾劫走國王佩洛普斯（Pelops）的兒子克律西波斯（Chrysippus），因此遭到詛咒，將被自己的兒子伊底帕斯殺死。

的位置，他不知道他的起源，他也不知道他行為的真正意義。眾神對抗他，在昭示其命運之後，讓他保有生命，讓他被收養，在他的親屬關係上加以凌虐，將他引導向重大的犯罪。人們對抗他，他們想擺脫瘟疫，集體尋找並認定這自然的災害起源於他。儘管我們有諸般理由，但如此猛烈地歸因於一人，只有一種理由來解釋：這個人的渾然不覺與無知，其實是代表、哭嚎著他的無辜。這推論不是出自於吹毛求疵，而是來自於簡單易懂的道德寓意。伊底帕斯的渾然未察，對於他成為代罪犧牲者的處境是必須的。事實上，所有匯集和適合這命運的徵兆，可說是在他身上集大成：他極為虛弱，蹣跚而行；底比斯城的居民不認識他，他是個陌生人；雖然他遠離了直系尊親，但他自知是國王之子；最後，我還要附加一點——他是個獨子。所有這些特質都使得他被歸入少數派（minoritaire）——虛弱、來歷不明的陌生人、同時是局外與局內人、高貴的出生背景、獨生子——這一切，集於他的孑然一身，拋棄與暴力將他造就成代罪犧牲者。

在上述我對伊底帕斯的描繪中，我們不難察覺何內·吉哈爾（René Girard）對代罪犧牲者的命運，所下的定義和發展的主題，這些都是伊底帕斯的特徵。[2] 在這方面，我同意他的觀點，但有不同的推論，隨後我們會看到，特別是針對社會事實以及針對掌控我們的神話的了解，增多了一分新的重要性。

只要伊底帕斯犧牲的神話未被解碼，這神話便仍然被視為具有效力，而且是回應著某種集體的需要。

找出眾人或眾神中的一位犧牲者，並賦予他被驅離放逐的功

2　在他的《代罪羔羊》（*Le bouc émissaire*, Grasset, 1982, 300 p.）一書當中。

能，此舉是不夠的。這受害者還必須在**理性**（我特別強調這詞）的角度下，顯得是**無辜的**。這正是伊底帕斯的情形，對於他的行動與他的狀態，這些使他成為罪犯的情勢，他是一無所知的。除此之外，戲劇性的危機，不能隨著影響歷史的群體暴力當中跌宕起伏的憤恨與撫平，而消失於無形，即使對這段歷史仍保有記憶。在這種無辜的情形（但是，一個罪犯也可能成為代罪羔羊，我記起吉哈爾筆下的例子：因強暴而被眾人凌遲的黑人罪犯。簡便迅速的正義，疏通了一種暴力，消解了在群體行動中每個人都有的罪咎感）之外，必須有一種完全的改變發生。

127　　在伊底帕斯身上，我們看見他完成了悲劇的進展：當真相大白之後，他不但不訴諸他的無辜，反而是承擔他所作的一切（就像尤卡斯達〔Jocaste，見譯註125-a〕一樣，如果我們接受她因此而自殺的說法）——他接受他的命運與他的放逐驅離；最根本的搖擺變化呈現為如下的特徵：無辜／有罪；內在／外在於他的城邦、他的王室；獨子／他的兄弟與姊妹，這些人同時是他的子女。他接受了弒父與亂倫，正如同我們在治療過程中，所能辨識出在個人層次上被禁止的欲望。此舉使他處於矛盾的位置：他**臣服於律法**（La Loi），自認有罪，既使從理智上而言，他並非如此。從此他有種獨特的命運：遵從但也違抗律法，遵循但也背叛理智地弒父。這種顛倒逆轉使他處於眾神與理性的交會之處。以此為名，伊底帕斯因此是不折不扣的希臘英雄。職是之故，正如在《伊底帕斯在科羅納斯》（*Œdpe à Colone*）[127-a]中有力地指出，

127-a 中譯註：為《伊底帕斯王》的續集。描述刺瞎雙眼自我放逐的伊底帕斯多年後隨著預言到了雅典近郊的科羅納斯，長年的痛苦流浪不僅洗滌了深重的罪孽，還賦予他先知與賜福的異能。自知大限已至的伊底帕斯，在復仇女神的神祕橄欖園前接見雅典的忒修斯王（Theseus），並在王的見證下安息於科羅納斯。

這顛倒逆轉使得這不祥之人成為善行的布施者，在他身後成為領導者與奠基者，後面這身分為有理智的人們，作為被禁止的罪行與這罪行象徵的超脫的雙重見證。眾神也由他們給予他的最終命運而確認了他的美德。但這種在記憶中的「復活」（résurrection），又被他的被驅除流亡的意義再度移置：伊底帕斯又再度成為陌生人，他與忒修斯（Thésée）締結的盟約，使雅典（Athènes）比起任何其他地方，都是一個更具理智思考的城邦。這神聖化（sacralisation）取決於這顛倒反轉：代罪犧牲者是有益處而且是創始的，它聯結了儀式犧牲者（Victime vituelle），對於雅典人以及其他人，當人們觸及他們的記憶時，伊底帕斯就浮現了，在其後的幾個世紀中，他成為心靈（la psyché）與理智的多種路徑的引領者。不必在專屬於希臘時期，獻祭給諸神的動物中尋找儀式的犧牲者，而是在此之外，在頌揚伊底帕斯儀式中的希臘語言，他們眾人當中，索佛克里斯是其一，所記下的文字，以悲劇的本身，像是儀式地傳播數個世紀，反犧牲與經由戲劇的宣洩，都令人憶起更古老的犧牲。

這命定的悲劇因此顯露了犧牲的神話。佛洛伊德不會對這一 128 根本的面向渾然不覺，我將進一步推展這點。他思考中這一步的跨越，使得希臘的伊底帕斯接合在他的文本當中，精神分析於是側身於犧牲的神話當中。

為了審慎地評估這些關聯，有必要區隔伊底帕斯神話的結構，與一神教的犧牲的種種外型的不同之處。為了達到這目的，將構成共同模式的五個主軸、定位點標示出來是合宜之舉（見本書85頁）。

一、指導一切的最高參照，是由眾神以及連結他們的律法所訂定的。伊底帕斯違反了它，而又屈從於它。這理想是沒有任何的替代，希臘人理性的思維與奧林匹斯（l'Olympe）眾神的和諧一致，就如同身體與精神的關係。對這種身體觀與世界觀的接受，以及對科學的好奇，這兩方面成雙結對，強烈地吸引正在蘊育其思維的佛洛伊德。

此外，一神信仰中單一神祇與啟示錄，以及據此而建立的宗教當中，具有專斷性質的愛與被迫害的性質，在這方面，多神教是與之完全對立的。

二、關於代罪犧牲者，有兩個特別之處要強調。伊底帕斯的神話明顯地包含了子對父的謀殺行為的完成，雷俄斯被伊底帕斯殺死了。與一神信仰中，規避這行動，或以移置作用（déplacement）間接地具體化恰好相反。佛洛伊德的伊底帕斯神話，則是昭然若揭，無與倫比的、祕密的、欲望的揭露者。但雷俄斯並不成為代罪犧牲者，無疑地，他被眾神所譴責，即便這罪過不存在於我們現代的版本，而且在希臘的世界中也不是明顯的恥辱（除了他促使驅策克律西波斯至絕望的境地，乃致自殺），他僅僅是個受害者。同樣地，尤卡斯達的死並沒有使她成為神聖化的、代罪的犧牲者。（見譯註125-a）自殺或弒母等等，直接了當以母親的暴力、死亡而引人側目的情形，在一神信仰中並不具重要性。最後，有關死亡的嬰兒，我們希望或者具體實現了他的死亡，以作為犧牲；關於這個古老的原象（imago），我們不可低估它在罪咎感與憂鬱中動態變化的重要性，它成為悲劇的首要目標。（請參考拙著《與未知的關係》（*La relation d'inconnu*）中，〈憂鬱的自戀

軸向〉（L'axe narcissique des dépressions）與〈罪惡感與犧牲〉（Culpabilité et sacrifice）兩篇文章）雙親是命運的受害者（les victimes du destin），無法被神聖化，不能成為代罪犧牲者。只有小孩經歷承受了神諭、被拋棄、罪行的完成等等的嚴格性，才能成為代罪犧牲者，這些經歷並非導向死亡的境地，而是沉淪於無所依靠，被簡化為一種倔強的盲目，其後，對死亡的神聖畏懼，搖身轉變為對他的崇敬。因此可以得到一條代罪的犧牲者／領導者／儀式的犧牲者行進路線，它表示伊底帕斯在未來象徵的意義。

　　必須要精確地指出這種形構，在前述三種一神信仰中是非常不同的，因為它使得弒父有某些後果，而這些必須要詳加討論，我試舉兩點。首先，是對罪咎感的處理：將弒父明白化、具體化（既使是透過對過去事件的敘述），即便他的形象不是被理想化為神聖的。有關罪咎感潛抑的消除，指向罪咎感附著固制於已發生的事件，正如同佛洛伊德指出了此舉對個人意識的衝擊。在這方面，偉大的希臘文化所強調的清晰的明智，並不受困於只想尋找脫身之計，而是必然地導致選擇性的懲罰，由於這種重視理智與清晰的強度使然，要求在一種盲目的堅持中運作著神聖的、心靈上的蛻變。眾所週知的、責任歸屬明確的罪咎感，在深知唯一緣由的情形下，獲得充分的認識（在各種意謂下，包含承認、感激……等等），從而導致欣然接受懲罰。這種無與倫比的、勇敢的在內心揭發、消除潛抑，佛洛伊德對這些是很敏銳的，此舉賦予人類一種偉大性，對於眾神以及對於理智的運用而言，他找到了自由之路。

　　自此，伊底帕斯以英雄之姿出現，如同佛洛伊德所定義的，對母親而言，他殺了父親，但是母親並不是勝利者、威力無邊的

147

女神，她的自殺其實完成了這廢輟之舉，將她所佔據的的主要位
130 置騰空，但在一神信仰中，此舉是審慎的。在伊底帕斯的神話
中，罪咎感找到了一個源頭，將它的存在擺脫掉企圖遮掩的、另
人疲憊的追尋，隔絕於日後成為禁制（inhibitions）的結果。

　　三、領導者，是一個神聖的例子，正是經歷犧牲的伊底帕
斯，他轉向為雅典王忒修斯和雅典所代表的世界與人們（見譯註
127-a），轉向自此以後，他們企圖在精神上以及時間上掌握的戰
鬥。他本身就是謀殺的施行者（l'agent du meurtre），但希臘人卻
認為他命運的獨特性，表示著是被眾神所選定的，因此是一種對
積極、有意願的征服，所開啟的延續性，激情地轉向精神的冒
險，這種人類的冒險是屬於雅典城邦，屬於希臘言語和文化。

　　四、至於儀式犧牲者，誠如我所說的，它正是這語言的果
實，呈現於索佛克里斯創作與採集的悲劇中筆下的英雄。從這語
言中湧現，同時也擴延到所有的悲劇，我想到的，更精確地是指
尤里皮底斯（Euripide）[130-a]的《腓尼基人》（Les Phéniciennes），仍
然持續地存在著，如同我幾年前在希羅多德・阿提屈（Hérode
Atticus）劇院[130-b]中所見的，今日的人們仍然可尋獲適合於他們對
至高的思維所憧憬的儀式。

　　五、最後，如果我們將注意力轉向這神話的信眾這一方面，
我們可觀察到伊底帕斯，無疑地是底比斯的希臘人當中的一個，

130-a 中譯註：尤里皮底斯（Euripideus，約480～406 B.C.）古希臘三大悲劇作家之一，知名作品
　　　有《米蒂亞》（Medea）、《酒神的女信徒》（The Bacchae）、《伊蕾特拉》（Electra）等。

130-b 中譯註：希羅多德・阿提屈（Hérode Atticus）劇院，位於雅典神廟之下，是西元161年希羅
　　　多德為紀念亡妻所建，約容納五千人，翻新後每年五月至九月提供雅典藝術節各種表演所
　　　用。

但是注定要漂泊不定。首先是遷移到科林斯（Corinthe），接著又回到科羅納斯（Colone），處於神聖的邊緣性，最後又歸屬於不屬於他的，日後成為希臘最大的、最富盛名的城邦。這遷移是領導者在他創舉般的旅程的命運，對保有對他的記憶的人而言，他成為一名異鄉客、陌生人。若不是導致了信眾的分裂，至少是使得他來過的城邦因此而具有至高無上性。

如此描述的結構整體，個別在各自的五個主軸，與猶太與基督的犧牲神話相對立。對於自許為無神論者的佛洛伊德，這種形象構成的方式，除了非比尋常地透露了它所濃縮的欲望，也允許這形像和我們的文明當中佔優勢的宗教神話保持一定的距離。因為不是一神信仰，而是希臘的多神信仰，在伊底帕斯的神話中，揭露了父親的被謀殺；而這是在三大一神教中不被接受，且小心翼翼地與其保持距離的。罪咎感的動態變化因此經由不同方式的處理解決，如同我們所見的，儀式化成為一種可見景觀的、文化的與心理的操作。最後，如同我方才指出的，信眾的分裂，如果它仍依附於語言的統一性，也就是說，如果它還尊重希臘人與野蠻人的不同，那麼它不過是在雅典的宰制下、城邦之間代表進步和爭相仿效的一個因素。

在所有犧牲的神話中，伊底帕斯的神話在清除錯覺（illusion），即佛洛伊德在宗教中所察覺的錯覺（illusion），這一方面是與精神分析非常吻合的。但這不是全部：這接合有另一個全然不同的功能，較不明顯，但絕對不可輕忽。精神分析並不是被簡化為一種魯鈍的享樂主義，或是與最堅強的理性混淆而成的享樂原則。將它的省思與伊底帕斯的犧牲神話接合，並使後者成為它的烙印，佛洛伊德認出了人類的悲劇命運，同時存在於他們的暴力

131

與衝突，也存在於他們的昇華與犧牲當中，後者即便是最為適切的理想所要求的，其目的是維繫社群內象徵的盟約。對現實的考量，包含了心理現實中無意識的欲望，包含了在遭遇對抗時引起的暴力、謀殺以及幻想，同時還有有限性（la finitude）以及種種的自我的理想（des idéaux du Moi），後者支持者人類按著欲望所作的努力，所有這一切都是現實的考量。伊底帕斯犧牲神話的意謂，在佛洛伊德所給予的框架與範圍，特別適切於理性的、精神分析的研究調查，而不在它科學的目標面前退卻，這個悲劇的命運祇能表達為欲望遭遇了有限性、死亡與未知。

132　　伊底帕斯的軌跡，擔負著從眾神處獲得自由後的責任。因為這戲碼的重心，是對一行為負起責任，即使是在不知情的狀況下完成後的負責，這態度不折不扣地逆轉了犧牲。伊底帕斯大可以用極好的理由推托，從所有蓄意的懲罰中，全身而退；相反地，他枉顧一切，概括承受了他的行動的影響。反對眾神的不公正，他們似乎只有一個目的，也就是完成保留給伊底帕斯的命運，作為一種完美的典範，讓他執行參予，而伊底帕斯以他獨特的贊同，宣稱自己是有罪的。這種非比尋常的反轉一旦完成，一種超越眾神的，象徵性地入侵了眾所周知與嚴守的社會禁忌：弒父與亂倫。一種深沉的無所依靠為伊底帕斯所察覺，他說：「當我一無是處時，我才真正地成為一個人。」（《伊底帕斯在科羅納斯》〔 Œedipe à Colone 〕vers 393）；「不要被誕生，這比一切都好。或者，誕生的那天，以最快的速度趕緊回到我們出發之處，因為命運迅速地尾隨而來。」（1224）

此舉明白地顯示，**個人的犧牲用來交換的是對理性的忠誠，在忒修斯之後，緊跟著伊底帕斯的步伐，每個人都要有象徵的代**

表，並承認神話中有理性無法企及之處。伊底帕斯本身便是例子，即使他並非有意，他還是得承認行動的影響與威力。但是如果犧牲是強迫要求理性，這並非指理性便被廢除了；正好相反，在神話被欲望充滿的核心之處，而是指它是被接受的，直到非理性的程度。

我們必須小心翼翼地前行，眾神對我們而言會成為如何？伊底帕斯以接受死亡——明顯地是一種神聖的消失——將他們限制了，當他失明時，當然是一種象徵的行動，但也是有節制地經由無助失落，考量到自己的無知，而沒有絕望沉淪乃至自殺，也就是說仍然為理性支撐。

希臘的多神論提供這點好處，打開了佛洛伊德當代的一神論所帶來的限制。眾多的神祇都是獨特的，對於支持信仰者而言，他們是不能互相比較的，他們有著他們特有的、眾多的神話。眾神如同伊底帕斯，身處於反躬自省所能達到的範圍，這省思將他們區分開來。

與眾神的理性毗鄰的伊底帕斯，時至今日仍然保有當下性，既使是當代的宗教，透過儀式文化習慣在信仰者的童年中留下無法抹滅的痕跡，在理性的邊緣，身體上，在心理的機制中，理想所蘊含的意義等等，或者經由通俗常見的習慣和意像，各種類似的溝通模式、品味、氣息與進食等等，不一而足，但是最特殊的是，**透過個人犧牲的方式**，維繫欲望而與群體保持關係。

對佛洛伊德而言，對我們亦同，伊底帕斯駐足於眾多神祇與人類的交叉口，駐足在錯覺與理性之間，也駐足於構成否認（négation）、拒斥（dénégation）（詳本書第24頁譯註23-a），與精神分析師終究無法忽略的（他自身也有否認、拒斥的傾向），在即

133

151

將到來的世界中的位置，伊底帕斯位於這些十字路口。

訴諸神話，求助於他的伊底帕斯的神話，佛洛伊德擷取了理性中的**超驗**性質。他深知限制，如同意識之於無意識、次級心理程序之於初級心理程序的限制，在這尚稱遊刃有餘的邊緣中，我們生活著。理性的超驗性，絕非簡單的化約體系，而是對未知事物的了解認識，這些未知散布於真實、無意識當中，也座落於欲望、死亡、和我們的有限性，等等有待開展的面向之中。

但這超驗性，雖然是理性的象徵性的犧牲，卻不是代表放棄權利；超驗性雖然是由與未知的關係來支持，但絕非滿足於錯覺所提供的、封閉的解決方式，而是以如刺在鯁的方式，以欲望來接合，在未知領域中步步為營的思維所得來的蛻變；也就是以象徵的不具理由、約定俗成取代了大寫的他者（l'Auzre，未知、死亡等），以父親之名作為隱喻，以種種歷史的變形，有效而穩固地運作組織。

最後，佛洛伊德賦予伊底帕斯神話的地位，使得所有的社會基礎，不僅是宗教的基礎，更容易被察見；在起源處，要有犧牲的協助，犧牲神話的結構統合了信眾，反過來說，信徒們的犧牲又強化了社群的穩固。

134　　但是伊底帕斯神話讓佛洛伊德著迷的程度更甚於先前所有考量，因為他將弒父明確定位為創始的犧牲，儘管代罪犧牲者是兒子，兩者各司其職，而亞伯拉罕式的宗教則是逃避、壓抑或否認創始犧牲的基本影響。

因為佛洛伊德精闢地提出了一點，就是在心理學發展以及神話體系之中發現弒父欲望的重要性。這種定位至今都沒有什麼能

讓它無效，它將理論集中在父親意象方面，讓個體與社會在不斷往來時的連接機制得以全然公開。

父親的功能以不斷地活化犧牲的神話來支配個人與社會的交流，犧牲的神話構成了一神論的特徵：歷史、文化、西方科學在這方面都永遠受到驅策，有其特定的進展。

以可辨識的人物，來描述與父親的關係時，順從的人物和對父親的理想化可連結，反抗及弒父的人物，分離的人物，最後還有卓越的人物，以事後作用（après coup）的方式，和前述依次所述的人物有所牽連，個體不論是在父母親所築構的小單元內，或身處於有許多可替代父親的社會裡，總是可以區分前述系列中的**理想化的父親**，和對應於最後一個人物的**象徵的、死亡父親**，後者以追溯既往的方式，超越了在往昔中一個個的人物。

為了理解我們的西方神話，也就是說出自於猶太教，並由其確定的一神論神話，佛洛伊德所強調的三個基準點似乎是必要的：在唯一的上帝中所體現的父親的理想化；弒父猶如幻想、欲望，有時又是以替代性的、具體的社會實現，以及一神教神話中不甚明顯的中心；最後，弒父及弒嬰兼具的死亡孩童的形象，在父子關係裡以親密關係互相呼應，後者的形象屬於犧牲的組合，導致死亡及復活這一自戀的順序。 135

在著手佛洛伊德對於犧牲神話所加進的「建構」之前，我想要提醒注意我從創始犧牲事件、其結構，決定其敘述的教義，以及有賴其形成的儀式之間發展出來的區別。我認為佛洛伊德拉近宗教和強迫性精神官能症之間的關係，應該僅僅保留給儀式行為間的類似性。這儀式所安排及神聖化的行為、是為了組織個體和集體犧牲，禁止、禁忌劃定了神聖空間，以便藉由儆戒的方式，

加以集中、增加或減緩，疏導與處理罪咎感。

　　至於犧牲結構本身的教義，很容易看到一個集體建構，三種一神論所特有的妄想症的典型處理。

　　針對這說法必須明確表達出我所理解的。處理，就像針對材料而言，是在心理機制的情況下，利用及改變物質的一種方法。在非常具有特徵的上帝的揀選中，可以察覺出這種類妄想症的狀況，在三種一神論特有的不同方式來說，都是真確的：集中於上帝所賦予啟示的挑選，強制地在神聖文字－聖經之中被確定而授意。在此我想強調一個我覺得很重要的觀點：這個啟示和一種語言有所關連，它存於這個神聖事實，在符合特殊神聖方面無可取代：希伯來文、希臘文及拉丁文、阿拉伯文，其古老形式皆是已不復存的語言。

　　此項贈予是上帝特選的證明，是上帝表現愛的證明。信徒可以說：「祂愛我，祂愛我們。」一位投射性理想化的上帝、祂的啟示和一種情色愛欲的關係，這種建構就是我們的研究方向，信徒們回應的基本單位則是：「我愛祂」，佛洛伊德所指認出的就是妄想症逆轉的重點。

136　　但是妄想逆轉對於仇恨和暴力的結果，卻受到宗教體制的監控：如果上帝可以被激怒，那麼處罰和拒絕這兩種反應就會以保護共同體的方式組織起來，隨之而來的是，將罪咎感往外遣送或不得已由自己接受，而罪咎感又是回歸到上帝。

　　我們得見以「治療」作為解決的處理。它具有多重面貌：這種暴力的疏解、抑鬱的減輕（而且我要提醒的是可以將憂鬱症視為一種被隱藏的妄想症）；利用每個人的妄想核心以建立社會連結的共同途徑；而且以一種所謂人造的父親的形像，也就是理想

化的父親承載背負著死亡父親的形像，用來補償依附於群體的教義時，個人權利的淪喪。這些結果由於如此長久和擴張，構成了一神論宗教的明顯效力。再者，它們以錯覺來提供誘發欲望的形象，造就了西方的歷史。

但是對於謀殺父親的三個宗教來說，仰賴一個重大潛抑是不可能的。這些宗教提供一位代替的代罪犧牲者。所得到的代價就是信徒對上帝及其代表人、其領導者的完全服從，當然其中每個人都有不同的性格。至於母親是受到保護的，在明確的社會功能及生殖功能方面脫離了教義。如果將注意力聚焦於母親身上所對應的形象或行動，在這種情形下的弒母只可被理解為與她分離的一種缺陷。然而犧牲終究不能在父親方面開玩笑，特別是涉及父親的個人權利喪失，這就是《奧瑞斯提亞》（Orestie）[136-a]史詩悲劇在瘋狂的徵兆和形象之下所清楚呈現的。

大家了解到我指出在一神論中所處理的潛在的妄想、色情狂，其處理方式屬於以投射方式所引發的首次的認識。恩利奎茲（E. Enriquez）最近看出這種妄想症的主軸，[3]但是卻使它成為猶太教的一個特徵，然而它是同時屬於三種一神論的。

結果顯示，謀殺父親的形象的出現，將會使它們的教義毀滅，信仰蕩然無存。

136-a 中譯註：由古希臘劇作家艾斯其勒斯（Aeschylus）創作的悲劇三部曲《奧瑞斯提亞》（Oresteia），描述征服特洛伊的大英雄阿格曼儂（Agamemnon）在出征前為求獲勝，殺了大女兒獻祭，妻子懷恨在心，夥同小叔在阿格曼儂凱旋歸來後將其刺殺。二女兒為報父仇留在宮中作內應，幫助弟弟奧瑞斯提（Oreste）殺了母親及表叔，奧瑞斯提卻也因此遭到復仇三女神的追殺，他在阿波羅的指示下逃到雅典，守護神雅典娜召集雅典人民進行審判並投票表決確定奧瑞斯提無罪，才終止了被追殺的命運。

3 參見他的文章〈不朽的民族？〉（Un people immortel?），收錄於《時間書寫》（L'Ecrit du Temps, n° 5, 1984, p. 125-135）。

由於佛洛伊德在《圖騰與禁忌》（*Totem et tabou*）裡面所提出的建構，清楚顯示了殺害及吃掉父親的戲碼，是精神分析轉化製造的結果，也就是說其中的人物只透過象徵的替代和隱喻的擴展（在此「吃」這一作為在於將死者的特質據為己有）來表現，沒有了這些，這個人物將是無法分辨的。因為魔法，泛靈論、圖騰崇拜、動物犧牲和以一種嚴格的方法擦去痕跡的一神論，都是以它為基礎。揭露這些扭曲、潛抑是佛洛伊德思想的收獲，它導致重大影響，迫使他不得不獨立於一神論熱烈與盛行的信仰之外。

此後，佛洛伊德的思想方法必須分別以適當的三個範圍來探討。

一、首先是個人心理狀態、恐懼症的臨床，尤其是罪咎感，可以顯示出關於謀殺父親的幻想以及嘗試抹消痕跡的防禦機制。這些心理機轉又確確實實地是經由強迫性精神官能症來了解。我將它概括為：被害的父親如原象一般，來作為罪咎感的理由，缺少了它罪咎感就無著落。罪咎感的產生是來自於父親方面的挫折、禁止（和來自母親的有所不同），以及所希望的或真實的僭越。其中關於觸摸的禁止，按照翁日耳（D. Anzieu）所區分的兩種形式，它們和視覺相輔相成具有一種主體能自主的建構效果，同時會令人產生罪咎感。被殺害的父親，**有如既成事實的幻想**，使罪咎感固著於思想的萬能，在意圖和行動之間滑動，儼然成為伴隨父親理想化的一項功績。幻想將謀殺置於過去的位置，使得強迫症患者只有當他心甘情願時才服從禁止的感覺，謀殺取代了父親，但代價是極為強烈的罪咎感。

其實事情更複雜。就像佛洛伊德所指出，有個父親真正已死

138

亡的案例，其中的差距更明顯，這個真正的死亡幻想的核心及自我的分裂卻被否認。父親受到強迫症患者的支配：死亡，也可能復活；活著，可能因為任何僭越而被殺，因此有被取消的可能。這種和否認有關連的動作維持了強迫症當中的懷疑，還有經常集中在禁止觸摸的移置作用，以及用強迫來作為僭越的觸碰而得來的儀式行為。

如果以相同的複雜機制作用於亂倫來補充說明，加上移置作用掩飾了性的意涵及其起源，我們將會看到思想萬能及強迫性懷疑。

二、如果我們轉向集體和社會形式，驅力的必要約束所仰賴的是強迫症的移置作用，以及針對領導者或上帝的理想化；暴力在集體的內部減緩而被疏導向外部，罪咎感在前者增加時，在後者則是遞減。個體的強迫症機制與社會組織以相互的關係緊緊相連，其中有理想與律法，藉由個人和集體犧牲來處理罪咎感，這點見諸顯赫的人物持續地表示著個體所共有的幻想，以及共同的潛仰。然而，不可能預見一種社會形式將支撐它的神話加以抽象化，在當今西方文明的情況下，也就是一神教的神話。

但是更錯綜複雜的是因為執意一個社會體系、法律的系譜學，這就必須追本溯源。因此達到一個必須被傳說和神話所填滿的，無法被驗證的先前的存在。

三、第三個範圍就是幻想匯集的神話範圍，追溯社會起源以 139 及敘事、教義與信仰的顯赫人物。

在強調集中於弒父方面的幻想和強迫症機制時，佛洛伊德使人了解到它們的社會功能，也就是說以共同的罪咎感為基礎的協

議和「社會契約」，它們都是從一致幻想開始的。他也指出強迫症的共同途徑如何能吸取不同的心理結構，無論是歇斯底里的、變態的或是精神病的，這途徑是，只要它在教義裡牽涉到一種愛欲情色的關係，這個關係便是被集體信仰的團結以及被用來遵循集體的強迫性儀式所控制。

佛洛伊德大可只堅持這種釐清，堅持社會現象以精神分析來理解，也就是說，個體和集體罪咎感是以殺害父親的幻想為基礎，作為無論是遵從或背叛一神教的無意識的主軸，而這弒父的幻想無論是假設的，或是真實發生過的，終究是一神教中的構成部分。

然而，過去從史前時代開始就有真正的弒父是不夠的，它顯然必須再發生，以便讓人找到犧牲神話的出發點。佛洛伊德在《圖騰與禁忌》這書的一個註解之中，[4] 認出謀殺行為從某些角度來看，甚至在罪咎感的相關方面是沒有大用的，因為「失敗後所促成的道德反應將會比此舉的成功時來得更多。」

所以謀殺的想法附加於父親，而成為理想化的，大寫的（Père Idéalisé），幻想、事實及神話之間的論證隨著大寫的父親的假設，而得出大寫的、死亡的父親（le Père Mort）。

然而，在擬訂弒父場景時，如同人類學認為真實發生於原始部落中，佛洛伊德走得比其他作者更遠，像是史密斯（W. Robertson Smith）、[139-a] 阿金生（Atkinson）[139-b] 或弗萊哲（Frazer）[139-c] 等140 人，他們的研究都成為他的靈感。他關心於建立幻想和既成事實

4　參見《圖騰與禁忌》197頁。

139-a　中譯註：史密斯（William Robertson Smith, 1846-1894），英籍閃米特語學者、神學教授及舊約聖經研究學家，曾任大英百科全書編輯，著有《閃族的宗教》（*Religion of the Semites*）等書。

之間的互動（舉例來說，誘惑場景或原初場景，也是基於相同的動機）。但是有關一神論，佛洛伊德在此並非只做了最重要的揭露，要知道一神論的建立是為了廢除抹消弒父，並且使它在思想或行動方面都變得不可能；他假設這項謀殺確實被完成，因此在神話和社會的系統裡佔有一席之地。所以他在史前時代不明確、無法證實的過去裡進行一項個體幻想的回溯投射（retrojection）；這使得他又要在一神教的神話奠基之前，補充一則插曲，這插曲可以稱之為「科學神話」，因為他想確定它在人種學框架內的位置。除此之外，我覺得主要作用是要揭露三個一神論所潛抑的核心，這三種宗教潛抑的形式不同，但都以此為根基，佛洛伊德以無神論的角度當然更是以不同形式，致力於釐清宗教錯覺。

　　然而，還有另一項必須考慮的觀點：神話建構的參與只可理解為一神論神話的人種學的先決條件，具有理想的、動態的價值，因為只要在起源所犯下的謀殺罪被視為是「別人」所完成，亦即先驅者也無參與的一神論的過程，及其後續發展，在已結束的、過去的既成謀殺，只此一次，也就是說在集體的記憶裡，即使是無意識的，有了地位，以及藉此讓想重新訴諸暴力的企圖失效。在這方面，這個「人種學神話」啟迪了一種思維，能擺脫一神論的神話，並且對日後接踵而來的諸般神話，有著結構化的功能。

139-b　中譯註：阿金生（J. J. Atkinson），著有《原初的法律》（*Primal Laws*, 1903），該書許多論點影響了佛洛伊德《圖騰與禁忌》當中的許多概念，如兒子聯盟弒父等。

139-c　中譯註：弗萊哲（Sir James George Frazer, 1854-1941），英籍社會人類學家，曾於其著作《金枝》（*The Golden Bough*, 1890）中，提出人類思想的演進是由巫術到宗教再到科學的論點。弗萊哲在現代神話學及比較宗教學上具有深遠影響，他另著有《圖騰崇拜與族外通婚》（*Totemism and Exogamy*, 1910）、《舊約中的民間傳說》（*Folk-Lore in the Old Testament*, 1918）等書。

因此，佛洛伊德在1913年告訴我們：宗教是我們心靈中幻想、衝突投射於成為傳奇的過去，亦投射於俗世當中。此舉，他將自己投射在史前時代的弒父這一基本單位裡，改變了個體和集141 體犯罪的處理，就像一神論神話所可能發生的一樣。在佛洛伊德頗為自得的《圖騰與禁忌》這本書，為精神分析及西方思想開創了個體與社會恆常出現的、相互的影響罪咎感，一種全新的體會，基本上，是藉由父親的**符徵**（signifiants paternels）對神話與理想的分析而完成的。

1938年，《摩西這個人與一神教》（*L'homme Moïse et la religion monothéiste*〔Gallimard，新譯本，1986〕）以令人迷惑的方式，就當時烽火漫延、極富戲劇性的時刻而言，構成了佛洛伊德的犧牲神話的第三部分，充滿了意志而勇敢地說出，對於宗教及社會神話學的精神分析觀點。

但是這次佛洛伊德以平起平坐的方式，直接談到與他非常貼近的神話敘述，即《聖經》和猶太教經文的敘事，以少有的編纂方式，增添了一個將使讀者困惑的驚人版本。

他不增不減地提出一個與所有傳統背道而馳的犧牲神話：摩西是埃及人；他被猶太人所殺害。

我們今日可以認為，而且所有的評論家也都會同意，那就是佛洛伊德的推論奠基於從恩斯特・謝林（Ernst Sellin）的苦心之作，他所依據的理由其實非常脆弱，而且是蓄意的，以致我們被迫處於某種狀態，去相信一個傳說或一個神話。因此這裡的問題並不在於為歷史或文獻的注解辯護。

為了試著了解所提出神話的訊息，最好是仔細審查其結構、

犧牲典型五個主軸、定位點之間的關係，尤其是為了與猶太教及基督教方面主要犧牲人物相對應，因為它們在此表現出的特殊相似性，正是佛洛伊德所要求的。

一、首先是以人類為謀殺對象的代罪犧牲者：這場景於是和佛洛伊德以弒父來強調的場景相當雷同。不過就像在基督教內部 142 一個移置作用的完成。摩西毫無疑問是最偉大的先知，但他並非上帝。他的神話面向使他同時是平民之中最偉大的兒子（請見該書中行文的第一句，幾乎是一種題銘），而又兼具父親形象（法文版 p. 208）。

但是摩西以後的命運，遇刺所留下的回憶，根據佛洛伊德的說法，應該是很獨特地被遺忘後又回復了：一種在神話裡的記憶復甦。創造第二個米底安出身的摩西（同上，p. 111）是用來說明這種退行作用。[142-a] 第一個摩西在意識裡恢復就是等待救世主降臨的起點；基督教繼承其職志直到他復活，因為就佛洛伊德而言，耶穌基督就是復活的摩西（同上，p. 182）。因此由於這個建構的必要部分（p. 182），摩西被猶太人殺害就有了創始奠基的價值，因為它的確表現出同時移置到兒子和父親身上的原始弒父，而且以此理由，透過潛抑，它對於猶太意識具有一個決定結構化的作用，就像後來對基督教徒一樣。

這方面就可以談論到代罪犧牲者。

二、在這個典型方面，代罪犧牲者和領導者，也就是摩西，兩者變得混淆不清。佛洛伊德的第二個確定就是在這裡表現出意

142-a 中譯註：請參考本書附錄一〈佛洛伊德筆下的摩西〉。

義，即摩西是埃及人。對猶太人來說就是外人。正如伊底帕斯神話，這很適合代罪犧牲者的特徵：一個外人，而且無辜，出身王室的救世主，在表達方面也有明顯的缺陷（可以解釋為他在說希伯來文方面有困難）。這位領導者就最直接意義而言，就像橫越沙漠的引導者，將一神論、律法和十誡還有割禮帶給猶太人。

因此重要的是為了表現出這個外來貢獻的所有影響，佛洛伊德抹去它之前的「歷史」，也就是出埃及記之前的創世紀敘事：對猶太人來說，基本上構成犧牲主題中心的是亞伯拉罕的犧牲，他本身是種相反方式的創始者，因為超越了以撒的處死、建立了割禮習俗，以及根據亞伯拉罕、以撒和雅各世系所建立傳承的世代意義。這樣令人議論的廢除，確確實實地摧毀了古老神話，將亞伯拉罕犧牲所隱含和否認的，若要清楚地呈現，就其邏輯而言，是有必要性的。

三、上帝和領導者之間的關係，加上摩西也是一位代罪犧牲者，都值得我們的注意。首先會觀察到，與基督教截然相反，上帝幾乎被保護並且和犧牲作用保持距離，因為犧牲作用不仰賴其決定；是集結在一個集體意願裡的猶太人執行處決。上帝仍舊遠離這種激情。對先知的感激發生於第二個時間，並且是由子民心甘情願地自由的接受。佛洛伊德在創造兩位摩西時所包含的企圖被看出來：第一位屬於真理、正義及愛的宗教；第二位則屬於報復、暴力、憤怒。回復到第一位是贊同理想，贊同對等關係。就這樣透過兩位先知作一決擇，並藉此提出兩個神聖形象的區隔，一位是愛的上帝，另一位是耶和華，憤怒、忌妒、專制及怨恨的上帝。佛洛伊德傾向選擇了第一位。而這個分配、區分在猶太教

143

和基督教都可能產生。在其中之一，就是想起愛其人民的上帝，這也是箴言：「你要盡心、盡性、盡力愛耶和華——你的神」（《舊約》〈申命記〉第六章5節）；「要愛人如己」（〈利未記〉十九章18節），甚至是《聖經》〈雅歌〉的肉體之愛，「愛和死亡一樣強烈」。在基督教方面則是根據聖約翰教義來擺脫「上帝是愛」的束縛。從兩方面來說，忽略這些強烈渴望會強化對嚴屬、殘暴上帝的罪咎感，並且讓信徒因為〈啟示錄〉及地獄似的威脅而戰慄，在歷史的過程和不幸之中被神職人員利用。佛洛伊德的解決方法 144 是傾向於減輕或改變這種罪咎感。

　　四、因此在佛洛伊德所提出的神話裡，信徒不僅經由既成的犧牲，也藉著遺忘謀殺，潛抑、拒絕第一位摩西然後再接受他，接受他的教導，經由這些構成了猶太人的認同。這種浮現於意識的再生，是由於與先前信仰的決裂，就像創始犧牲神話裡所必須的，信徒與之決裂的，包括多神論和偶像崇拜的信仰，還有殘酷上帝的信仰，以及接受外來領導者。然而，佛洛伊德模式是一種全新建構，將蒙上帝特選的意思給反轉了：是摩西選定希伯來人為其子民，而且是在謀殺之後的自由選擇，這些猶太人又回到摩西身邊。然而，對於所有的一神論來說，不管是在語言和敘事方面，啟示錄和十誡都同樣是上帝挑選的證明和呈現。

　　五、儘管現在我們向自己提出關於儀式犧牲者（victime rituelle）的問題，佛洛伊德神話還是讓傳統信仰及儀式繼續存在，和割禮的犧牲紀念儀式（關於亞伯拉罕的獻祭）有關，就像閹割的象徵替代以及服從父親意願的原型，是以最痛苦犧牲的代價換來

的（p. 223）。可資比較的是始終遵循的飲食法則，它包含一場宗教儀式，祭祀者屠宰動物、放血及檢查內臟。但是重要的犧牲助祭人在與罪咎感連結的哀悼之中，可以由憶起神廟的摧毀，經由Hourban這個字而被指定。[144-a]

佛洛伊德犧牲神話於是在傳統結構裡打開一個缺口。堅持承認為摩西遇刺，反對傳統以及支持傳統的文獻，對於《聖經》進行蓄意曲解，根據佛洛伊德自己的說法，這等於是一場謀殺（115頁）。他理性地堅持，使得被扭曲的文本就宛如受害者一般，這種

145 犧牲是儀式化的，心理作用因為摩西遇刺的確認而持續作用著。此外令人感到矛盾的是，理性捍衛者佛洛伊德向我們提出一個明確的非理性方法，理性的犧牲是為了要鞏固理性。他指出「因荒誕所以值得相信」（credo quia absurdum）（p. 218）這是為了堅信而放棄，這格言的起源是基督教的，同時也適用於所有的一神教的原則，因為他無法承認一個違背理性和科學的神聖的存有（Etre Divin）（p. 225）。他向我們提出摩西遇刺這樣非常脆弱的悲劇來作為斡旋。這個犧牲神話因此對與傳統上帝保持距離，但是對將要成為精神分析師的忠誠者，提出了一種依靠，這和理性的儀式性犧牲是同樣荒謬的。

這神話一旦分解為其結構中的元素，我們便不得不質問佛洛伊德的動機，是何種集體的、心理的力量驅策他從事如此的建構。我們知道相關的評論汗牛充棟，可以將其歸為三類，彼此相互印證，可使詮釋中的主要論點明朗。

144-a 中譯註：希伯來文中表示毀滅的意思，指聖殿數度被摧毀，但現今大多數人已不用此字，因其含有毀滅後再振興之意。

I、第一種進路，是對偉大的人物，摩西律法中的偉人所進行的面質，這是在一種解放後，將近十數年的反思，所深化的結論。

有關米開朗基羅的摩西雕像的文章，佛洛伊德其實備感猶豫是否要署名。這篇文章的確是以間接的方式，早在數年之前，便預先鋪陳了最後的聲明。我認為我們可以將在Saint-Pierre-aux-Liens教堂雕像[145-a]前反覆的沈思，視為一種讓自己在基督教排場的遮掩下，浸濡於犧牲的神話的企圖。

當時，佛洛伊德對這座雕像的詮釋，已然違反了《聖經》所言：他認為摩西並沒有擊碎十誡的石板。但對謀殺的確認，是歸諸米開朗基羅，因為雕像中極細微的、客觀的投射，改變影響了先知昭然若揭，至高無上的形像，後者將十誡傳遞給猶太人與基督徒。 146

巴幹（D. Bakan）將某個佛洛伊德的論點加以發揮，認為他想擺脫猶太教義[5]與西方文明中的束縛。在假設這個謀殺之同時，猶太人的集體意識被公諸於世。然而，如果摩西只是早期迫害者當中的埃及人，那麼我們僅是殺了一個世仇。

巴幹走得更遠，他認為佛洛伊德的反抗可以比作異端者雅各‧法蘭克（Jacob Frank）的冒險，或是名為薩巴泰伊‧惹衛（Sabbataï Zevi）的取代摩西的計畫，並且是他自己成為領導人民的英雄。由於羅馬城在佛洛伊德身上發揮的魅力，他對於前往訪問該城時的猶豫，都和猶太傳統有關，因為根據傳統，救世主在

145-a　中譯註：即位於羅馬的聖彼得鐐銬教堂（San Pietro in Vincoli），米開朗基羅的摩西雕像的所在，見佛洛伊德1914年的同名文章。

5　參見《佛洛伊德與猶太祕教傳統》（*Freud et la tradition mystique juive*, Payot, 1964, p. 140. sq.）。

城裡現身之前，首先必須祕密居住在入城之處。這個救世主啟示畢竟對猶太人而言很平凡，在佛洛伊德的作品中處處可見，例如《夢的解析》（*L'interprétation des rêves*）。

根據候伯（Selon M. Robert），《摩西這個人與一神教》（*Moïse et le monothéisme*）這部「歷史小說」，對佛洛伊德來說，是擺脫其出身、父親、祖先及雙親所進行的否認，「將所有這一切歸諸於惡名昭彰地對存在的限制。」[6]根據這樣的看法，他不想成為「猶太人、德國人、任何有名字的不管是什麼東西：他不想成為任一人、任一處的兒子，僅僅是他作品的兒子。」決定這個態度的是他晚年時，他可預見的，迫在眉睫的末日戲劇性局勢；佛洛伊德試著避開回歸到「父系制度的懷抱」，無可避免地向在死亡中的列祖列宗靠攏，他盡力避免死亡，並使作品臻至完美，以便從中孕育出他來。

我認為，這個反駁佛洛伊德對猶太傳統虔誠的詮釋，不應該迴避，而不問關於這種解放的努力，也不理會反傳統的努力，從而忽略了對母親有一願景，頌揚她的權威，在犧牲行動中她是無所不能及沉穩不變的，這一切是為了在死亡中發現到一種回歸到母親的懷抱。

佛洛伊德因此建議用僭越、開放思想和行動的方式。謀殺只針對父親的替代者，加上兒子使後者成為被揀選的人，作為集體的領導者，被揀選的人也因此名義被處死，遂成為一名英雄，成為未來所有偉大行動的典範。

II、但是，佛洛伊德憑借摩西掌握了一個宗教神話。文本的不

6　參見《從伊底帕斯到摩西》（*D'Œdipe à Moïse, Calmann-Lévy*, 1974, p. 275 sq.）。

尋常編纂讓人感到納悶，接連三次的草稿，還反覆潤飾好幾次。面對政治事件所引起的猶豫、擔心，他仍然決定要透露他立論中具有醜聞的性質，除此之外，我認為必須再加上他意圖回返到他早期作品的效果，包括這文本的初始幾頁和更早的作品，尤其是《圖騰與禁忌》，像是要評論早先的作品，其中透露的想法雖然難以置信，但我們卻仍然深信，像是在啟示中具神聖性質的書寫一般。

　　佛洛伊德不容置疑地修正了《聖經》，提出一個新版本。在此名義下他只會嚴重抵觸猶太意識。在出版之後幾年的反應很激烈；人們交相指責「他對於猶太人的辛酸仇恨」（T. W. Rosmarin），就像出自「最狂熱的基督徒之一」（A. S. Yahuda）。[7]

　　其實事情沒那麼簡單。因為摩西的形象一點也沒有因此被玷汙，而如果佛洛伊德肯定他的無神論，正如我們所見，他所提鍊出的神話並不針對上帝，並且明顯地和基督教神話不同。

　　大家甚至可以走得更遠。巴幹在《榮耀之書》（le Zohar）[147-a]中指出一個使摩西變成埃及人的傳統。[8] 從那裡出發，從同樣來源和聖經的評論開始，我們發現佛洛伊德的兩項斷言——摩西是埃及人和摩西被殺——早已經被祕密口授的傳統所提出了。列維-瓦倫西（E. Amado Lévy-Valensi）[9] 認為是林可斯（J. Popper Lynkeus）（以其著作《一個現實主義者的幻想》〔*Fantaisies d'un réaliste*〕啟發了佛洛伊德，他摸索著，嘗試追溯榮耀之書的祕密根源卻不得其

148

7　引文出自貝傑黑（J. Bergeret），《根本的暴力》（*La Violence fondamentale*, Dunod, 1984, p. 86）。

147-a　中譯註：全稱為le Sefer Ha Zohar, le Livre de la Splendeur，為猶太教對舊約的獨特解釋。

8　*Op. cit.*, p. 125.

9　參考列維-瓦倫西（E. Amado Lévy-Valensi），《佛洛伊德的摩西或被遮蔽的參照》（*Le Moïse de Freud ou la référence occultée*, Ed. du Rocher, 1984）。

解，就像一個有待解開的謎，這解釋了他的拐彎抹角，而這個謎對猶太靈魂來說，是死亡的想法。

因此老年佛洛伊德的這個搜索，回答了從猶太人對舊約解釋中便隱約浮現的問題，而且此探索也因為對於死亡的當下思考而得以彌補。一個這樣的「改良主義」並不是沒有讓人想起基督教裡上帝之死的神學，這是最近幾年在美洲發展出來的（包括阿帝澤〔Altizer〕，漢默頓〔Hamilton〕，凡・布倫〔Van Buren〕和方式較不激進的范罕南〔Vahanian〕等人）。[10]

III、然而大家不可能忘記，當時的社會情境，對這位身陷被驅逐命運的老人家開了玩笑。在這些情況下，他在這方面的沉思並不否認他的無神論，它受到歷久不衰的理性探索所鞏固，也就是精神分析本身的探索。

我們因此可以認為他的犧牲神話有一些實用目的，評論家一般談到的，則是用來對抗猛烈的反猶太主義。其實，這個新神話正巧提供一些反對狂熱主義的重要論據。我指出某些比較不常被強調的觀點來加以提醒。

首先，關於「上帝的選民」，有人說除去嫉妒、殷羨等炸彈引信的其實正是佛洛伊德，因為選擇子民是出自於外來領導者的摩西，而且要補充的是，畢竟在第二個時間裡是輪到希伯來人來自由選擇教義。但是，如果想要堅持神選的論點，就不應該忘記每種一神論也都存在著神選，啟示是在特定的語言中造就完成的，也就是說在一個明確的文化環境裡，一個正在使用或使用過這種

149

---

10 參考歐格列蝶（T. W. Ogletree），《上帝之死的爭論》（ *La controverse sur la《move de Dieu》*, 〔1996〕, Casterman, 1968）。

語言之人民的環境，而對基督教來說，其目的在於在希臘語和拉丁語擴展中，尋求普遍的贊同與皈依。

至於替每個人鞏固於神聖同盟（Alliance）的猶太割禮，它將上帝放在既成及不可逆轉事實的先決條件之前，佛洛伊德取回亞伯拉罕起源的獨家權利，以便讓它追溯至摩西所傳下來的埃及習俗，並且更遠溯至來自亞洲的一些最原始的母性崇拜（cultes de la Mère primordiale）。這種普遍化的回溯，其實是打算用來減弱針對神選觀點而來的反動。

但是由於摩西的謀殺如同基督徒所做的一般昭然若揭，如此一來，我們處在佛洛伊德所期望的轉變核心：在謀殺先知或上帝，在謀殺對立於死亡父親的理想父親之中，可以確認出自己的個人責任，構成了集體責任的一部分。但是，將死亡歸因於外來者、推諉給他們的觀念便因此變得謬誤，這是虔誠的基督徒所必須承擔的責任，如果他們承認他們的原罪，以及承認他們本身就是基督之死的唯一真正原因，這是在彌撒的犧牲中三申五誡的。

大家因此看到佛洛伊德所平行進行的，是針對無意識罪咎感，和對抗反猶太的舉動，首先將這罪咎感，固定於特別是浮現謀殺父親的特定的神話中，也就是固定於最根本的、被挖掘出的意義之上。因此主要是在疏導罪咎感，但同樣可被歸併為一個集體反抗行動，雖然不直接針對上帝，但以父子關係為中心，摩西成為上帝的代言人，然而，正如我們所見，他同時是其人民的父與子。誠然，這種關係讓人想起基督教神話的關係，但不同之處在於，上帝保持在犧牲之外，所以是忠於猶太教精神。當做為兒子的摩西可能被處死時，這是完全與亞伯拉罕式的拒絕犧牲相反：罪咎感因此將與這種接受犧牲結合，聯盟因此舉得以實現，

150

就像集體匯合在共同承擔的行動中。以父親之職，父親的立場來殺害兒子或孩童，強調出犧牲的完成和堅持服從父親是同時進行的。這種替代頂罪顯示出犧牲英雄所代表的，就像伊底帕斯一樣，是集體欲望，以謀殺父親的陰影籠罩在所有的一神論之上。

而正如巴幹[11]所強調指出，精神分析特別和罪咎感有關，就像它被宗教以原罪來結合組織一樣，以便在移情關係中認出超我的影響、潛抑、拒斥和否認，並且能夠解除障礙及更改其支配。

但是，不管佛洛伊德是否想要以其對神話的重構來行動，他所確認的，尤其是在他所生活的這段苦難期間，就是神話具有鼓舞和推動欲望的作用。團體在此找到認同，它對每個人來說都是一種支持和整體，就像在單一神論的宗教裡一樣，可以代表一種母性容器，以及上帝的女性搭擋。

但是讓犧牲的完成清楚顯現，並非讓兒子隔絕於犧牲之外。佛洛伊德是以死亡的孩童來將宗教意識深植於罪咎感當中，這是我以往所陳述的（參考〈罪咎感與犧牲〉〔Culpabilité et sacrifice〕，收錄於《與未知的關係》〔*La relation d'inconnu*〕一書中）。

因為罪咎感的辯證手法是在錯綜複雜的關係中被提出，多虧有神話人物才能掌握毀滅和死亡，將希望附著於其上，偏離母親而轉向理想的父親，同時又對兒子施展報復。死亡父親的形象只在一個又一個階段之後才表現出來，理想化父親（以及具有陽具的母親〔la Mére Phallique〕）在此遭受狂妄自大狂的毀滅性攻擊，像是鏡中的關係，然後才來到十誡的入口（世世代代和前後關連無法被抹滅的律法），當獨立的過程並非僅僅仰賴於被動的屈從，而分化差異得以形成時，名字裡的象徵功能就因為自由的確認而

151

11　*Op. cit.*, p.134.

被放置在律法中。

今天，我們無法避免這個屬於精神分析方面的願景，在這座願景構成的堡壘中理性、科學和邏輯拆解了宗教錯覺、神話、迷信及對父親的順從。但這並不是說我們必須又重新掉入能夠完全清除殆盡的錯覺，完全抹消一切幻想和欲望的不理性。

在1930年代佛洛伊德清楚知道這種解放的急迫。他的思想獨立讓他得以不拒絕基督教神話的典範，在遵循的前提下，又於聖經傳統中建立了一個個人版本。如此經由文藝復興轉折，彙集和古希臘重新建立連繫的基督教遺產，就在伊底帕斯經由忒修斯轉移至雅典的時候，人類的進展不僅推向世界，也推向發揚基督教條之中必有的「上帝已死」，科學的發現，伴隨著大革命與無神論，其突飛猛進和神速尤其應該出自於「上帝已死」。

我不知道是否必須在佛洛伊德最後的勇敢、努力之中看出一種酒神崇拜的狂野儀式（diasparagmos），一種對傳統父親形象和名字的「粉碎」。[12] 就像吉哈爾論及尤里皮底斯的《酒神的女信徒》，指出所屈從於上帝的女性的舉止，[13] 撕裂了彭提烏（Penthee），[151-a] 這是人們期待的多種形貌的入教考驗，特別是當狄奧尼索斯讓「他者的多種面貌」（Vernant）[14] 突然出現時更是如此，藉由一種當代的替代效果，佛洛伊德本人成為了一種復活的

12　瑪莉?莫斯寇維奇（ M. Moscovie）的說法。見〈在佛洛伊德的思維中被粉碎的父親〉（Mise en pièces du père dans la pensée freudienne），《對質》（*Confrontation*, 1979, n°1, p.123-148）。

13　《暴力與神聖》（*La violence et le sacré*, Grasset, 1972）。

151-a　中譯註：彭提烏（Pentheus），希臘神話中底比斯城的國王，因反對酒神的崇拜，被信奉酒神的底比斯女性，包括其生母阿嘉妃（Agave）在把他誤認為一頭野獸的情形下，將其粉身碎骨。

14　維儂（J.-P. Vernan）在〈狄奧尼索斯偽裝為尤里皮底斯的女信徒〉（Le Dioysos masgué des Bacchantes D'Euripide），收錄於《人類》（*L'homme*, 1985, n° 93, p. 31-58 〔cit. p. 58〕）。

化身，一個代罪犧牲者，當他的作品《摩西這個人與一神教》當中的某些片斷，起初是可被理解的，逐漸蛻變為深具意義的正典作品，佛洛伊德所傳遞的訊息當然是要我們獨立思考，它既不能

152 扭轉即將到來的行動，也不能改變世界，但是理性在此是它必經的艱難道路，同時也不能忽略神話的力量。因此他是引導我們更快地釐清死亡父親的象徵標記，特別是與愛的糾葛關係。

　　無論如何，他留下的遺產是根據我們的喜好和我們自己的步調，自由地解釋他向我們提出的神話，甚至在他被放逐時，就像伊底帕斯遠離底比斯前往雅典，我想說的是從維也納被放逐前往倫敦，在思想的豐富之旅，在它的漂流不定，在所有可能的解釋當中。神話對我們而言，將是孤獨英雄以其作品接受的挑戰，或是猶太教祕傳血脈的未來發展，或者是精神分析在面對未知時理性工作的建立，耐心地解開替代物覆蓋於「未知」的神話與幻想，逐步地揭露其中古老的形像，為自己贏得一席之地。人們都猛烈脅迫受害者來鞏固自己的基礎。佛洛伊德向我們表明他的立論根基，不僅是摩西這個人，還有在他作品中的摩西這章篇，只有首先能將它視為胡言亂語才能接受它。[15]

　　「出奇不意地，眾神讓出道路。」[16]

15　別忘了佛洛伊德在《圖騰與禁忌》的希伯來文版所寫的序言中，說道：「新猶太教的精神」（我特別強調這點）（*S.E.* XⅢ, p. xv）。

16　《酒神的女信徒》倒數第二行。

【第五章】在現實生活與精神分析
情境中犧牲的影響

　　理想與認同在個人和社會之間所建立的相互關係，是為了確　153
保習慣、思考和語言的持續傳遞，一種說話方式，其實是蒐集了
一個文化的所有特性。

　　這種被認為有利的傳承，起自一場最初的革命，包含了**創始
犧牲神話**在內，以理想父親（Père Idéalisé）和死去父親（Père
Mort）為中心而旋轉，以保護其形象。

　　就犧牲方面，個人心理學及社會心理學之間關係的主要問題
可以歸納如下：

（一）重新找到犧牲的意像，以作為宗教的暫時留存或作為結構般
　　　的持續存在；
（二）了解分析治療中的主動的、犧牲的機制，同時在可作為診斷
　　　參照的情境中，與犧牲人物的精神病理的組織進行比較；
（三）最後，隨著當今世界中犧牲、陰謀的再現，一種殘酷又持續
　　　的現實，仍然不斷供祭代罪羔羊。

犧牲原象的暫留或永存　　　　　　　　　　　154

　　在分析的實作中有必要詳加辨識，首先是宗教所產生的犧牲
原象，即使這些**原象**不再被信奉，不但就可被傳遞的底蘊而言，

而且也指在它們的根源，是作為集體生活衍生而成的，具自發性的組織，它們源生於幻想，隨著共同實現的欲望而蛻變。

　　當宗教——三大一神論——尚未遠離時，就算是某個否定的意志中斷了傳承散布，宗教的意旨仍然可被推論而得，但就整體而言，這宗教的傳遞仍是傾向遞減的。有時候會有一種宗教及文化上的不了解，很快就會導致對父（母）執輩的信仰基礎的漠視，而成為「道聽塗說」。因此重要的是能夠在主體本身或直系親屬身上估計這種中斷的情況，評價被排除的徹底性，尤其是認清接替和取代信仰的理想，善加利用這些先決條件來組成新的犧牲人物。即使有否定的情形，若發生於適度、合理的範圍內，信仰的傳遞仍然維繫著同一起源同一團體的思考習慣及方式，無論關係是鬆散或緊密。於是一切的發生，儘管有明顯差距，儘管有公開聲明，就像是經由曲折迂迴的同情而帶來了些什麼，也像是更深入的**無意識傳遞**，時而附屬於簡單的生活細節，有如品嚐一道傳統菜肴的美味，或是重現熟悉的動作、共同回想，或是感受到某些名稱的誘惑力。這種傳遞當然也可能因為選擇性反感而變成否定與憎惡。伊底帕斯的軌跡在此是決定性的，因為它不但左右了對父母親表示否決時的同意或反對，還包括延伸了對應於此的祕密，甚至延伸到對於選擇的表裡不一。因為它們所傳遞理想中的矛盾衝突，顯示出各式各樣有意義的輪廓，尤其如果所面對的是三個世代之時。

155　　　我們可以因此分辨出不再被相信卻受到保留的理想典型，因為它們屬於社會文化範疇，其非宗教價值則是被承認的。相反地這些理想典型可能隱藏著無意識力量，雖然它們被精確的論據予以口頭否認。這兩種極端形式構成所謂表裡不一的傳遞。接著輪

到後來的世代（第三代）從這些立場開始加以反應，藉由簡單的
重現或相對的反抗，讓人選擇一種必要的淨化，以至於相關理想
典型可能出現決定性的恢復或拒絕，有時還會有一種令人啼笑皆
非的選擇，將情感兩歧的態度（ambivalence）轉而對抗父母。此
外，還要再加上**雙重束縛**（double entrave）的後果，如果父母親
（或僅由其中之一，在更為複雜的伊底帕斯情況下）所發出的類比
含糊及數位精確訊息是相互矛盾的（參見本書第48頁譯註47-a）。
而在三代並存方面，根據調解關係（relation médiatrice）（祖父母
和孫子之間）[1]所做的恢復及結合應該被查覺，特別是有種祕密在
繼承當中流傳。這樣就可以發現犧牲**原象**，透過除了宗教以外的
不同變化來流傳下去，它們由幻想及欲望所產生，在社群集體與
世俗的解答中被制定與接受。如果它們在一神論中以最基本的形
式存在，也是多虧了它們，不同的特殊經濟形態的社會才得以組
織起來。

　　如今犧牲原象從宗教基礎分離出來，卻因為一個**理想典型**的
加入而重現神話結構。它們在作為所有人類事業基礎的**政治意識**
形態下是明顯的，而且值得依照目前的形式被加以描述。我們可
以在此區分為三種力道，而所出現的重疊部分要比不同外形來得
更多。

　　一、首先是精英主義的少數：接受事實，但是更為有意識而 156
堅決，就像拒絕一切同化，自認為比別人高明的某些少數。我們
重新見到神的選擇，這次被轉換成種族及文化、想法或德行、道

1　這種關係請參照我的文章〈在宗教神話與系譜學當中的三代〉（Trois générations d'hommes dans le mythe religieux et la généalogie），收錄於《論象徵》（*Essais sur le symbolique*, Gallimard, 1969）。

德及主動的優越。關鍵性的妄想症用語「他愛我」（il m'aime）並不針對上帝，而是針對允諾的未來，期待中的生物的及社會的命運。這些精英主義的少數將他們的仰賴及脆弱狀態轉變成主動及根深蒂固的希望，依各種不同程度來自各個社會層次、各種宗教儀式及信仰：從各個年齡層（主要的轉變是在成年），各行各業，科學或藝術，乃至如今仍不斷發展的許多教派、俱樂部及祕密會社，利用權力及真正特權或僅僅局限於社會的**邊緣位置**，而佯稱是精英分子，雖然有完成偉大事業所必備的理想，但也可能只是想像。

這類少數在持續不懈地爭取可能性，從其中得以發揮效力，利用謹慎、耐性，還有以在計畫的品質，以及完成方法方面的自信能力來戰勝阻礙。

秀異分子（Sel de la terré，土地中的鹽）的意思是一種酵素、起因，一種歷久不衰的古老傳統，可追溯到蒙昧時代，這些詞句是用來激勵一小撮自信致力於高傲的任務，自認適任為堅定而必要的見證人及施為者。以極少的主動的元素就足以啟動偉大行為。

在此要達到目標所引用的並不只是力量，還有美德、智力，尤其是耐力及信心。

在這個內容中主要的犧牲人物是實行「揚棄」（Aufhebung）[156-a]、超越犧牲本身的角色，其典型就是亞伯拉罕的「犧牲」。形象化的比喻便是在一名有遠見的領導者，在一位思想導師的領導之下橫越沙漠，緩緩步向理想城市，未來幸福的目標。

156-a 中譯註：此為黑格爾在論理學（邏輯學）上的概念，該詞同時具有「否定」、「提升」以及「保存」等涵義。

主張非暴力者、嬉皮、祕密會社、祕傳和受神靈啟示的教派　157
構成了這種概況。

但是有效的犧牲是**回歸到自我的犧牲**：精英分子意識到要維
繫持續所需的嚴峻和努力（可能是運動的、道德的或知識的），以
便完成共同事業，對抗入侵以及抵禦外界的不了解。如果力量和
暴力無法給予幫助，當敵視族群將少數吞沒時，到最後他們會被
壓迫的走投無路，和代罪犧牲者混淆在一起。

然而，如果對侵犯者的辨認得到確實，少數就可以採取一種
暴力和絕望的行為來替恐怖行動或集體自殺（例如圭亞那的鍾斯
〔Jime Jones〕教派）[157-a] 作見證。但是少數也可能進步、發展而變
成多數，例如在國家的層次，處理相同的爭端，反抗更強和人數
更多的外來競爭者。

二、第二個剖面可以稱之為「死亡和復活」。如果基督教的典
型很明顯，現在就應該考慮更廣泛的形式。面對死亡和自我犧牲
是不可分的，就作為典型的神話人物來挑戰，以及**自戀不受任何**
傷害的幻想而言，這一次是很難得的，因為它是針對自己，以個
人或集體行為來付諸行動。

在此，力量是針對**克服死亡**所遭遇的風險。這個觀點很重
要。接近所想要的幸福，可以克服所承受的危險，在在所表現的
勇氣，都是與振興聲望所需付諸的行動有關。不管是遵循神話或
英雄典範，在關於痛苦（耶穌受難）的認同中，導致一種**復活**的
強烈渴望：而且必須在各種領域中了解它，身體和疾病、道德能

157-a 中譯註：發生於1978年圭亞那「人民教堂」（People's Temple）教派的教徒集體自殺與謀殺
　　　事件，共913人死亡，鍾斯為該教派的領袖。

158 量和成就、解放和透過各種努力的集體完成等等領域。按無神論的觀點，若能如此克服困難，與戰勝死亡具同等價值：由於世代傳遞以及理想延續，復活的意念得以完滿。

如果犧牲生命被放在首位，將可以預期到一個結果：那就是在遇到災難，有凝聚力的需要時，暴力迫切地需要被轉移，這時就有代罪羔羊的應運而生。

西方的戰爭、失敗及征服都離不開刻劃其歷史的思想擴張及勝利，和它們的犧牲神話更是關係密切。

三、第三個代表形像是效忠（allégeance）人物。主要原象是固定於世俗的、理想化的、父親、領導者及「東方獨裁者」的代替者，其影響力可以被視為是無所不在的。然而它顯出代罪犧牲者的輪廓，就像磁極般地吸引招致攻擊性和衝突：共同體因此有責任以團結來防止。於是犧牲回歸到每位信徒身上，基本上是以一種**理性犧牲**：領導者所提供的解決辦法應該被盲目遵從；為了在欲望的未知領域當中有所指引，其指令將被毫無保留地接受。

從前者的宰制和後者的犧牲可以看出父子關係。挑起對於這種服從、效忠的反抗只會變成以暴動和必要犧牲為代價，這又回到前一項的「死亡與復活」。

這些代表人物最常從事政治活動，正好讓人聯想到一神論的犧牲神話。這並不是說父母親或祖先的宗教必然和以後的犧牲模式始終有著直接關係。必須承認的是，他們的共同根源存在於與雙親有關的孩童心理發展之中，也就是說在伊底帕斯的關係之中。而且每個主體都蘊含著各種犧牲人物的整體，後者被各個宗

教——妥善的分隔。對精神分析師來說，「啟示」只是讓對於死
亡和與父親權威關係的欲望、衝突和幻想表現出來。然而所有社
群的結合必須建立適當的模式，即使不是針對死亡，至少也是呼
應世俗權力所要求的犧牲，也就是理性犧牲。宗教在這方面提供
了神話上的充分發展。

　　不過，在任何祭儀之外的犧牲人物的重現，則往往取決於主
體的心理結構，但不必然被外在系統中的傳遞所影響。此外反抗
可能傾向於依歸與父母親信仰相左的宗教，其徵兆可以在分析過
程中特別表現出來。相同地，在心理上的順從也可能重新整合於
社會當中最穩定、最完善的系統。

　　如果我們轉向領導者的心理學，某些特徵像是野心、勇氣、
固執會很接近想成為母親所渴望的英雄人物。但是與權力有關並
且受到妄想症的影響時，這些特徵就似乎應該受限。

　　近代歷史指出了元首可以從群眾獲得的權力。我們總是可以
預見到他們再次出現的支配企圖。思想家或看似自足的領導者，
他們其實是再現引領人、導師（例如摩西），或是復活的犧牲者
（例如耶穌），或是奮鬥的先知（例如穆罕默德）等等人物。

　　精神分析所提出的問題是要看出無意識原象具有群眾力量，
對抗著信仰及意識的理性，這些原象也引起對於良師或領導者的
迷戀和熱情，因為它們有能力建議一種生活的集體理想，掌管歷
史事件以及指引科學與思想進步的政治方向。

　　由於這些原象在分析上的重要性，因而我在此強調父親理想
化形象的系統化，根據的是支配罪咎感和受虐機制的犧牲形式，
這些甚至是在任何宗教之外的。

160　　　　所有的團體、社會、制度的關係，都使得領導者的原象和它們隨之而來的犧牲，<u>互換遞變不息</u>。

　　　　精神分析本身不在這些神話魅力的庇護之下。它的動力是對佛洛伊德的理想化。佛洛伊德發現精神分析中的特殊命運讓他達到可以克服考驗的英雄境界，而且很容易讓某些人聯想到聖徒傳記。這些阿諛奉承者始終認為佛洛伊德在精神分析方面已說了全部；對於他如此神聖化的著作全集也沒有任何需要重新補充。因此目前的分析思考可能只是無盡地對正典的評論之一，而正典總是受到背叛的威脅。如果原文用字的巧妙和深度無可取代，那麼任何翻譯將會備受質疑。德文於是成為「啟示」所無法取代的一項工具。此外，佛洛伊德的所有文章，其中所有段落、所有聲明及意見將被視為決定性和真實的。因此一種尊崇其名聲的佛洛伊德救世主降臨說被表現出來。但是，如果在這個態度加上額外努力，同意考慮修正聖經中所記載的信仰，就像猶太教信徒所熟悉及採行的，以便補強脆弱之處，增加可信度的版本，那麼我們就處於一個新的「靈修」潮流。《摩西這個人與一神教》可能造就一個新神話。如果佛洛伊德肯定摩西是埃及人並且被猶太人所殺，那就正如我們所見，可能需要有一些解釋。然而不應該忽略這個新犧牲人物是模仿先前所描述的典型，以兒子的身分（摩西作為猶太人民的兒子）作為代罪犧牲者被處死，與之俱來的是救世主化為肉身的同時降臨——這就是佛洛伊德在這文章中的回應。

161　　　　這種幾乎變成教條的確切信仰，依賴著些許的暗中進行的祕傳與影射，進行著偽歷史的重構，被暗殺的埃及人摩西「因荒誕而值得相信」（credo quia absurdum），成為一種號召呼喚。被如此要求地對理性充耳不聞，其實是很適合於神話的裝置。犧牲在這

種理性思維被摒除的狀態中，沉重地回歸自身。

　　佛洛伊德就這樣成為分裂為二的救世主，一方面的猶太教被撤銷了宗教身分，新的版本與宗教不容，公開的無神論也與宗教儀式有間隔，另一方面則是被接受的猶太教，有如一個民族的記憶，有如文化及社會的傳遞。此外，若再度深入核心場景，摩西的處死導引出在傳說年代的猶太人和目前猶太人之間的責任歸屬，前者實際上執行謀殺，後者則遠離他們的宗教，在認定這個即便是象徵的場景作為事實時，而將心理上的謀殺投射於過去，從而構成新的信仰。無論何種宗教，都具有和這否認相關的罪咎感，隨著這些投射逐漸為人所知，使得這決裂的態度更加具有曾經謀殺的可能性。

　　因此可以見到一種救世主的渴望，對某些人而言藉由卓越的人格，藉由歷史性的發現，將精神分析作為心理過程的科學探索，而產生了**佛洛伊德式的救世主降臨說**。既然我們將精神分析與聖經神話（可以說是「奠基者」）結合，以致無法分開，那就著手進行重返宗教，無論手段是猶太教或基督教的，甚至整個活動都是為了鬆綁而產生。為了讓這個與神話掛勾步驟不被注意，乃至自願地承認合法性，以致退縮到一個難以明確又無以名之的，作為神祕主義（希臘語的意思如此）的祕密，隨著它的祕密起源被明確地祈求時，更是如此，無理性之處主要在於，作為精神分析起源的摩西神話[2]，也要屈就去接受被竄改的可能。

　　如果精神分析拒絕成為一個「宇宙觀」（conception du monde），如果它和宗教信仰分開，如果它根據人類自出生就飽受　162

2　關於這問題，請參考瑪莉・莫斯寇維奇最近在《摩西，這個人與一神教》（*L'homme Moïse et la religion monothéiste*, chez Gallimard〔1986〕）中所寫的序。

折磨的欲望來分解神話，如果它不將科學目的排除在外，雖然這項工作很艱難，那麼它能做的，僅是拒絕來自這些暫時的錯覺伴隨而來的穩操勝算和安慰。它也同樣應該釐清影響社會的心理學機制。

我們就這樣來到犧牲神話、弒父的幻想核心，當分離、決裂或死亡成為必要時，其持續活動則以兩個完全不同的途徑表現出來。第一個情形下，我們主動地製造，以固執、重覆的方式，或者我們主動地屈就時，分離、絕裂與死亡活化了作為其下層結構的幻想的發生，隨著當下的罪咎感所帶來痛苦的強度、持續度而更具意義。相反地，在另一個情形下則是抑制（l'inhibition），它操縱著精神生活，由於對先前的不幸而深懷恐懼以致被影響：任何反抗，任何決裂，任何變化都無法被承受；任何有關早先在幻想中的謀殺的意念，也無法見容或被忍受，無意識強烈的活動更是被堅定地排斥。承認它等於是讓利用這種威脅來支持的理想被削弱。所有變化就此被封鎖，因此這種抑制是對一切信仰最好的忠誠保證，尤其是宗教信仰。它的消解確實是這些理想及其神話的一項基本考驗。

163 精神分析機制；治療的後果

源自客體對象、外界的最初拒絕，怨恨的產生是因為生存需求的立即滿足無法如願，欲望亦由此而來，這些需求面臨著致死的威脅，一種壓抑、死亡（此或彼，在或不在，我或其他人）的

3　參見貝傑黑（J. Bergeret），《根本的暴力》（*La violence fondamentale*, Dunod, 1984）。

抉擇，貝傑黑將之描述為生命擴展中的**根本暴力**（violence fonda-mentale）。[3]

　　但是這種情況的轉化是經過對於首位客體對象——母親（如同乳房，在生命之初）的一連串分裂（clivage），從這裡逐漸顯示出以**好的客體對象**（bon objet）為主的形象。我將在下文中補足我在《罪咎感與犧牲》（1974年）[4]文中所描繪的情景。為了讓母親擺脫投射型認同（identifications projectives），交織於她所營造的幻想和孩子的幻想，後者特別**具有關摧毀身體的幻想**，這些幻想一方面必須忍受一方面又必須投射的，這兩者之間的錯綜複雜，不能因實際上必定發生的疏於照顧而被困圍限制，從而陷入了兩人對決的關係。父親必須能夠作為母親所熟悉的第三者，並可能因此轉向一種理想化，以便讓摧毀、消失的想法所需要的死亡驅力能被移置。

　　此種移置顯然和女孩及男孩都有關係，它以符合其伊底帕斯的形式，給予父親一個認同和理想化的基本地位。但對於身為**兒子**的男孩而言，他被**母親**所預見及期望（或不期望）將來成為父親的潛力，把他放入未來象徵的第三者的軌跡之中。因此，在犧牲神話中佔有優勢的父子關係，深植於孩童的早熟動力中，並導致他們能擺脫對母親的固著（fixation）。

　　這些共生或附著的關連必須能被鬆綁。在這方向中，**分裂**可以藉此構成一個難以決定的平衡點，不斷在對立之中被搖擺反覆（尤其是在好與壞，裡與外之間），這些對立在被重複的僵化及仰賴外在的變動中而相互抵銷，被廢除。我想要強調性別差異及其 164

4　參見《與未知的關係》（*La relation d'inconnu*），主要參考81-84頁。

對於這些混亂的影響，它們作為連結以及無法擺脫的明顯的對立，正是在原初場景當中，在此對立的兩造匯集一起，（不管是何種對立，例如明與暗，白天與夜晚）以致產生理智暈厥的情形。正如以往我所寫過的，妄想症崩解的關鍵在這裡（有關妄想與原初場景，請參考拙著《論象徵》〔 *Essais sur le Symbolique* 〕）。**矛盾命令和雙重束縛的有害結果，也是源出於此。**

在此讓我們感興趣的問題，尤其是**理想化父親**的被取代，可能蒙受因為妥協或被改變後而成為無法挽救的固著的危險。

真正父親的理想化具有和母親保持距離的好處，對後者並非非得有怨恨，而是將攻擊性偏向父親，也調理了其他的移置和理想的構成（**自我理想**〔 Idéal du Moi 〕）。對於社會產生認同的循徑也循此而產生。入學、教育也參與了這些被預期，有條不紊的活動。

理想化的父親所擁有的力量，同時是保護令人妒嫉、威權的力量，同時也是吸引的手段，令人察覺同樣有力量的，具陽具的母親形像的投射。理想化父親化身為另一種權威，一個理想，或是上帝，或甚至是一位代表以上這些的領導者，如此**解放了真正的父親**（Pére Réel），但又讓後者置於保護之下。在神話發展中有時「善」的面向會從「惡」的面向解脫，從而兩個形象（上帝與魔鬼）就此分離出來。

孩童的第一個自我攻擊（autoagression），正如拉普朗西所指出，在於幻想的活動（「幻想攻擊就是〔…〕將作用回歸自己，自我侵犯」），[5] 並藉由第一個的自我犧牲來作為控制這個活動、來自

165

5　　拉普朗西，《精神分析的生與死》（ *Vie et mort en psychanalyse*, Flammarion, 1970, p. 172）。

我控制（後者表達了支配的權力）的方法，此舉被自戀地分裂為二，作為自戀的分身，破壞著自戀的**理想自我**（Moi Idéal）。此外，這種理想化是一種全能的投射和聚焦，就像是「濃縮」一般（集中於幻想，於自戀的分身，於種種替代理想化父親方面），根據佛洛伊德的敏銳分析，導致一種犧牲反應。我引用了《群眾心理學和自我分析》（*Psychologie des foules et analyse du Moi*）的第八章：在愛情的理想化中，客體對象愈是被看重；「促使直接當下性滿足的傾向可能就此被完全摒棄」；而且，重點是，對象「最後掌握了自我對自己的愛的全部，以至於自我犧牲（我特別強調這點）變得是如此自然的結果。因此，客體對象將自我消化殆盡」。

　　但是集體與領導者的關係方面，除了將直接的性傾向排除之外（自完全節制性欲作為犧牲的開端，可能繼續發展到毫無節制），此外還有發生於「一個超強能力的生命，與毫無招架能力的生命相遇時，所發生的完全癱瘓」，像是在動物界中的昏厥猝倒的情形，發生於生死攸關的情境（p. 180）。而根據佛洛伊德的處方，領導者取代個體的**自我理想**，當他們的自我（Moi）彼此間相互認同時，這項自我理想功能從此轉交給領導者，甚至將辨識現實的能力也交給他。我認為佛洛伊德這獨特的見解，將現實與對現實的辨識結合起來，應該要與理想自我來作比較，才得以了解，理想自我將嬰兒的自戀與全能的理想匯集積聚，而自我理想則是較接近現實的面向。因此可以說領導者因為理想化託付給他的超能，以及作為集體的行動指導和實際完成所授予他的自我理 166 想作用，因而被放在理想自我的位置。

　　我們因此可以認為，理想化與一種對自己的愛的「自我犧牲」

是同時產生，後者在昇華過程中，繞過直接的性滿足，代價則是迎擊生命危險的戰鬥，同時聽命於領導者，即理想化父親，所擁有的理性和判斷事實的特權。

如果理想化父親對於母性**起源**來說，具有保持距離的好處，以避免持久的幼稚的固著，那麼第三種關係所開展的、所支持的種種替代之路，則僅僅是準備要脫離、超越理想化父親而走向死亡父親。

因為理想化父親的「善」和「惡」，但又無所不能，這些形象之間的爭鬥，其實是反映著「負面及敵意的情感本質」，和被喜歡的人有關的「情感兩歧」（Freud, op. cit., p.163），在這範圍內，理想化使他們變得可怕（如惡魔般），當理想化能減弱成為一種感恩之情，當**批判的自由**能擺脫怨恨與爭論，而對現實有更佳的了解，便能賦予死亡父親真正的第三種功能。當父親從未知的死亡擦身而過，當作為絕對主宰的父親與死亡相遇，如此地看待父親時，世系和過往、象徵的和系譜的記憶便融合了。經由對理想化父親的回憶，我們再度認同父親。我們因此了解，就此觀點，死亡父親才是真正的中心人物，一個主要標記，其周圍環繞著與父親、死亡相關的幻想及神話結構，有一種辯證的過程，疏解了對理想父親的錯覺。繼這些形象、步驟而獲得的象徵，包括了「依法而死的父親」的記憶，後者座落於所有的幻想，一切的演變的核心，也就是對父親的謀殺。

167　　這認同的過程中往往因過於理想化而變得不可能，至少在某些極端的形式中是如此，例如唯一的上帝——但神祕主義的傳統是個例外。因為「像是」（être comme）不僅包含了理想的接近，同時也代表了「擁有」（l'avoir）的缺乏；因此這種缺乏必須被接

受，或是本身要被以身體為出發點的閹割所象徵化，以便能依次與有限性，死亡以及未知連結。

在對父親的認同中構成了超我。伴隨它的去性化及昇華作用使得情欲構成部分不再有「結合毀滅整體的力量」，以致超我理想從這種分裂得到適於強制義務的「嚴厲及殘酷」。[7]

因此可以看出理想化和認同之間的份量比例，從它們的純粹對立乃至居間錯綜複雜，作用於犧牲的兩極：一極是父親的替代，為理想父親以及死亡父親所形成，另一極是相對應的兒子，也就是說在弒父及弒子的犧牲人物之中，具有以自己為中心而呈現的傾向，亦即自我犧牲，尤其對弒子來說更是如此。

犧牲神話的概括綱要因此是被建立在一個萬能父親身上，他具有將可能成為對手的兒子賜死之獨裁及意願。弒父，幻想及神話，是出自這個由罪咎感所產生的人物，或是以防禦的方式來回應。

但是也有必要要問關於母性原象的命運。弒母的幻想確實存在，特別是在直接的女性的伊底帕斯的情結中。然而它們不能被發揮轉化，達到格林（A. Green）[8]所說的死亡母親人物，而多虧了與理想化父親和死亡父親的關係的發展，**對兩性來說**以一種第三種關係，作用於作為起源的與母親的連繫，同時得以解開它，於是從沒有它就不可超越（這情形持續在某些精神病中）的二元對立的固著中解放出來。畢竟，母親和死亡之間的連結應該根據不同情況來加以解釋：致死的、施虐變態的母親（壞母親，在幻

168

7　參閱〈自我與它〉（Le Moi et le Ça），收錄於《論精神分析文集》（*Essais de psychanalyse*, p. 270）。

8　參閱《生之自戀・死之自戀》（*Narcissisme de vie, narcissisme de mort*, Ed. de Minuit, 1983.）的結尾處。

想及真實匯合的情形下），引誘著被動的孩童，使孩童成為對抗父親的英雄，還有就是我所堅持的一點，與前述情形不同，好母親的原象形成一種對於死亡、對於她所引起恐懼的防護：回到娘胎、回到如最初的處所般的大地之母，能在最初的容器中完全休息，將生命周期保持為紋風不動、平靜的永恆回歸。這種想法的動向，因為有母親和死亡的善意的接合，被建立在對未知關係的接受上，並且對於性特質及女性性質很有利，此外也建立在「展望的客體對象」（l'objet de perspective）[168-a]的具刺激興奮影響上。

從一個相當概括的方式，可以分出兩種關於犧牲神話的心理態度。

首先是**依附於理想父親**——即領導者、其理想。和真實父親有關的失望或怨恨，讓人對取代的理想父親採取一種絕對屈服，支配真實父親並使他服從律法：**怨恨變成愛，也變成熱情。**兒子也可以藉此將自己視為母親的英雄，而實際上母親喜歡理想父親勝過真實父親。因此也有對母親的依附。但是也可以由於理想父親的傑出、他的完美，從這種對母親的依賴解放出來，從而擴及、脫離對雙親的依賴。這些反應的動力，對應於強迫症、肛門結構，也就是對應於被動的、無意識的**同性戀傾向**。

第二種態度是**拒絕及反抗**。對真實父親的怨恨完整地轉移到理想父親身上。將他殺害，破壞他的制度和繼承是主要目的。還有就是信徒可以感覺到自己是母親的英雄，但更甚者在於採取報復：母親的痛苦，因父親所造成的不幸命運需要一種補償，一種修復，以母親和兒子之間的協議、共犯關係來摧毀理想父親。此外，怨恨也可能同時和雙親有關。這方面往往和妄想症結構有

169

168-a 中譯註：讀者請參考本書〈前言〉簡介。

關，它具有迫害性的同性戀本質，源自於不能成為父親性對象的
失望。

這兩種軌跡突顯了怨恨的後果：重要的是在治療時按照其固
著點、其潛抑以及就犧牲系統而言的發展。我們也會注意到母性
基礎：不應該視而不見，更何況就像怨恨一樣，宗教和犧牲的理
想將它隱藏起來，沒有給它明顯的人物地位。

我們現在該來檢視存在於犧牲原象和心理構造之間的相似
性，還有它們在分析治療時的效果。

顯然，我們可以分析整個精神病理學。但是施虐與受虐總是
最首要的意在言外，特別是考慮到心理痛苦總是無所不在，不管
症狀學以何種方式呈現，無論在家庭裡或在團體裡對於代罪羔羊
以明顯的方式施以虐待，或是在色情的或反常的環境下，或是在
心理中以潛伏的狀態存在，而以身心症的方式呈現，或是在令人
驚訝的對身體疾病的漠視與誤解中，認為自己的生命不受影響，
這種拒斥的態度，總是暗渡陳倉夾雜著自殺的欲望。

但是強迫症結構的分析也是重要的，接近於我們所知的宗教
制度和社會化所不可避免的對犧牲的要求。

原象所保持的作用，可以由無意識信仰來概括，強迫症和它
鬥爭，在過去父親被他所殺而母親被他佔有，就像策劃完成的行
動，[9]孩子因為這項功績而自認為是母親的英雄。因此而來的罪咎　170
感導致一個回歸自我的犧牲遊戲，包含在深思熟慮中對性特質的
譴責，它需要不斷地換喻轉移，在各種掩飾之下決不被廢除，並
且繼續其幻想變形。這種思想的無所不能投射在過去的弒父（理

9　參閱〈在宗教神話與系譜學當中的三代〉（1967），收錄於《論象徵》一書中。

想化父親及被殺的父親），同時也使它隱藏在**無意識**中，並被反射在補償制度裡，承受著熙攘與累人的生活以及持續增加的努力和辛苦，最後是呈現在儀式和被移置所造成強迫症狀之中，阻止罪咎感的產生。但是這些持續維持的修正，毫不讓步的結果，是沒有任何憂鬱的情感。強迫症的自戀不但出自於無意識信仰導致的不適切行為，也出自其遭受的折磨，沒有明顯理由，經由一種作為其力量來源的禁欲，以致可能固著在**死亡的孩童**身上，希望孩童死亡所引發的責任感與罪咎感被轉到理想化父親身上，無意識中嗜殺的增強，愈是引發意識上的理想化，因此進入一個新而微妙的補償，它其實餵養著強迫症中的懷疑。

這種結構控制著通向象徵性父親、依循法律之死亡父親，由於強迫症是這一切運作的組織者，**但卻渾然未覺**，被系統地潛抑所控制，無疑讓人想起宗教儀式的組織。

犧牲人物，弒父及弒子，在強迫性結構裡是深具意義的幻想，在治療中非常重要，因為它們以戲劇化的方式誇大了罪咎感以及維繫著產生罪咎感的心理機制，尤其是藉由將犧牲反轉到自己的身上。

我們了解在分析中移情的持續是藉由它們來運作的，而且我們必須理解其表現。

但願精神分析師像理想化父親的替代品一樣，分析師經常成為理想化的對象，使所有分析都朝向犧牲典型。一旦對分析師有
171　信心，他便被「預設為知道一切」，特別是必需要克服抗拒，並且在幻想中藉著祕密透露的隱情，賦予他「有決定自由的」權力，分析師不但要獨自接受那些從未道出的，也要接受由無意識揭發而顯示的一切，這些都是推動這種理想化的眾多因素。在這個稱

為「理想化移情」（transfert idéalisant）的移情類型裡，應該好好
認清楚競爭的替代和形象，以及旁側的移情（tranferts latéraux），
以便估計可供使用的犧牲潛力。有一種分析師的理想化，不應該
讓人忘記寇哈特（H. Kohut）所提的自戀移情的情形，或是自戀
的不信任以及被高度挹注的理想，宗教的或政治的，讓移情本身
變得不可能並且危害到治療和使得理想過於激情化。

　　理想化移情來勢洶洶時，不但侵犯了關係並且啟動犧牲制
度。這種激烈程度應該歸因於孩提時期父母的缺失，或是一種遠
古的，以口腔期的畏懼所持續的相互倚賴，這些是理想化父親對
這些缺失的過度補償。顯然這些過去的處境，**應該被確認，作為
幻想中的固著**。它們單方面封閉所有觀點，使得另一種可以安撫
抱怨的雙親的形象，變得不可能；相反地，以一種**對母親不斷要
求愛的方式**來維持，這種愛的獲取，可以使最嚴厲的受虐形式得
以合法化。在移情中，理想化隨著對分析師聲譽與名望的崇拜而
成正比地增加。

　　可能產生的難處之一就是無法認同分析師，尤其是如果他的
形象傾向於變成專制領導者形象；但是卻必須考慮到將施虐傾向
投射到理想化父親時，可能隨之而來的減輕負擔。於是幻想可能
是領導者兼備所有的獨特性、興奮感，及至僭越，這是當事者想
都不敢想的，領導者的行徑會被以為是用來當作一切的理由。這
個在他身上無法被承認的非理性部分被放在領導者身上。

　　認同於是被阻止，唯有一種內射（introjection）起作用，不完 172
整的成分、時而誇張諷刺、零散的模倣、被孤立的符徵（signi
fiant）所構成的具破壞性的、被內射的「客體對象」，它們依據排
斥或吞噬的幻想，而被投射認同的機轉所安排、反射。他們被投

射認同依據融合和拒絕的幻想來重整。

在這些理想化的移情之中，必須細心聆聽投射在精神分析師身上的真實及幻想典型。

而且在理想化與移情之愛的隱藏下，怨恨、虐待狂和情感兩歧的作用，尤其是「同性－戀」的移情時，應該要能預見達到理想化時，所隨之而來的有害的結果。在這個看法上，**理想化父親所掩飾弒父的幻想**，始終有可能再出現，並相反地組合成犧牲的配置，領導者或精神分析師因而要經歷破壞性考驗，它也是一種擺脫分析師或領導者，並且藉機在另一人身上完成理想化取代的方式。

在與精神分析師維續這種關係的同時，有必要在分析者身上觀察犧牲的起伏及定位，作為理想化的回應。

特別是**負向治療反應**（la réaction thérapeutique négative），就是有如犧牲的錯綜複雜情況。佛洛伊德對這些情形做了一份言簡意賅的報告，即當治療順利時病情反而惡化。[10]與其認為是矛盾心理所呈現的自戀的優越感，倒不如應該看作是對「疾病」、對痛苦的依戀，而「治癒」對於後者反倒成為一種挫折。這種由於無意識罪咎感的慣性，其實也是一種自戀保護，它拒絕了與精神分析師的**情感連繫**以及依賴，如果認出有某種治療效力時，則又特別令人害怕。但是我們注意到佛洛伊德的一則註腳（p. 264），其中無意識的罪咎感被稱為「假借而來的情感」，「是對另一個人的認同結果，而他從前曾經是色欲挹注的對象」。而且我要強調，這對照是很重要的，佛洛伊德指出「這個過程與憂鬱過程的相似性」。

173

10　在〈自我與它〉的第五部分。參見《論精神分析文集》第262頁（sq.）。

所以這是很早期的關係，是失望、仇恨及懷恨的來源，它以無意識罪咎感的方法保留，呼應這年代久遠的客體對像。治療結果於是可能受到危害，因為被分析者無法在分析師身上找到自我理想。然而，佛洛伊德警戒分析者，可能在認同的競爭之下，企圖扮演「先知、靈魂拯救者、救世主」的角色。

犧牲觀點可通盤道出它的意義，如果我們追溯出它在無意識罪咎感的根源，這和認同父母親其中之一，並與色欲的挫析失望有所關連。理想化使當事者遠離這個痛苦，成為一種強烈的吸引力量，但是被分析者費盡了一切能量為了不墮入理想化的深淵，或是每當他要放棄時，就急於逃避：負向治療反應是這兩個潮流的結果。

然而贖罪作用是嚴格仰賴於被傳遞的、領受的罪咎感，在此，**自我犧牲變成一種哄抬**，與在理想化父親位置上的對象權威相匹敵。因為無法達到卓超的原象和理想所引致的失敗、受苦和遺棄，在在使得這些運作顯得更加偉大。反過來說，贖罪祈禱往往是根據原始、祕密典型，而且正如我們所見，這些典型是屬於宗教的。

不過，我們仍然可以說尚缺兩個特徵，來反駁這些行為的犧牲解釋。

第一就是沒有攸關人類生死的賭注。但事實上不然。佛洛伊德把它和憂鬱作了比較。確定會失敗的苦澀勝利感，直達內心深處，及至存在（l'être）的深處，對作為活動及思想的本質，也是深信不疑地認為將其摧毀了。燔祭與自戀式的犧牲者是吻合的。犧牲被放在最高處，幾乎被神化，然後遭到完全消滅。　174

另一個似乎缺少的重點是**神聖的事物**，治療的聯盟關係藉由

它，有些過度地消融於「犧牲」的關係當中。但此處卻否認「精神分析」作為兩人的想像共同體，不認為它是由神聖化的理想所建立，而臨床病情惡化和隨之而來的孤獨努力企圖將它摧毀。

但是這個負向治療關係的過程，同樣地存在憂鬱和自殺裡，並且具有更完整的犧牲重要性。

贖罪行動是忠於超我，其嚴厲及殘酷給予理想化父親一個自治領地（enclave）的界限。但當贖罪中的摧毀傾向不是為了平衡情欲驅力及愛情，「這種死亡驅力的純粹產物」（p. 268）將使得自我為了超我而犧牲，而贖罪當中毫無節制的力量將從理想化剝奪了一切有益結果，包括對分析師的理想化。

自殺，在這一幕裡受害者和劊子手合而為一，源自母親的保護決堤崩潰，生命的旨趣淪為幻想及現實並無區分的匯合之下。理想化父親、自我理想向退化讓步，在此自我被超我迫害，同時在他一人身上集中了所有自戀的破壞性力量，一個孤立無援的棄兒可作為這種情境的樣本。在憂鬱中有一個真實的或想像的孩童[11]的破壞願望，在憂鬱中企圖將另一部分，即死亡孩童的內在給予客觀化，進而與自我混淆不清。罪咎感在一種壓制的傾向中企圖毀滅一切。

自殺的神聖化光暈，是激烈對抗在自己身上的小孩，當令人
175 憐惜和揮之不去的孩童印像，無法在哀悼中被轉化時，便以帶恐懼色彩的行動來呈現廣泛的犧牲，而這是對未知關係一種無法被簡化的想像，緊緊地被死亡所掌控。這種光暈所激發的情感，對所有旁觀者具有感染力，而這可能往往是憐憫，但更私底下也可能是輕視、憤怒或怨恨——或是殷羨。因為自殺有意無意留下的訊

11　參閱〈罪咎感與犧牲〉和〈憂鬱的自戀軸向〉，收錄於《與未知的關係》一書中。

息是為了藉由這些感應，包括漠不關心在內，來延伸罪咎感的連鎖鏈（la chaîne de la culpabilité），好像可以並應該傳遞給無辜者的一種痛苦，一種懲罰，因為他還存活著。這種罪咎感的集體擴張，乃至它的否定，都屬於犧牲。

而團體關係，因為留在人世這邊的人而受到加強，在宗教犧牲較少施行的世俗存在裡也一樣，死亡的意義按這舉動是否有選擇的自由而不同，在這情況下，按拉岡（Lacan）如公式般的說法，這種自殺是成功之舉，至少拒絕了其他被控制及被奴役狀態，成為了無法抹滅的見證，一如不朽的蘇格拉底，因為自由的決定可以傳遞，而成為獨立自主。

整個治療從頭到尾，從策畫開始及無以數計地反覆進行，說得明白一點，也就是分析的結束，作為目標也作為結束，作為個人的志業，作為與分析師的關係，同時也是為了有所進步，增進對自己意圖與欲望的智慧，這些的有限性最終仍避免不了「結束」。

因此死亡被想像，被差異化、被假定為某某，總是不斷地上演，在我們固有的性特質的發展中，藉由閹割代言，而在我們的文明中最為神祕的材料，則藉由犧牲的形式來呈現。

為了評估一個治療的進展，我認為有一種相當粗略的方法，應該考慮到理想化及認同的潛在可能的關係，以及關於理想化父親及死亡父親犧牲原象的關係，還有愛的能力，無論是虛擬的或意識的，也就是說當事者是否能向一固定的客體對像表達愛，同時也要觀察色欲及昇華作用之間的相互影響。同樣地憂鬱狀態也 176 必須以能轉化為哀悼的能力來評估，最後，在罪咎感和犧牲人物方面也應如此評估。

因此移情可以歷經蛻變被保持下去，從這些原象開始，經由種種替代，並藉由一種擺脫但又有賴於被分析環境中依次取代的對象，從童年的最初幾年起，主要是針對擔任劊子手或受害者角色所不可缺少的手足關係方面。這些轉變在移情本身藉著其他的對焦方式，以一種原創性的方式進行。

在認同及理想化之間對立的這些變動和進展，在被擱置、捨棄或更正確地說，應該是「被犧牲」的「對象客體」方面必須受到檢視。「旁側」的移情偏離了主題。但是分析結束並非沒有留下移情的後遺症，有時可能是當愛的需求一直無法與欲望銜接時，朝著犧牲的結果走去。第二次分析時提供了藉由發現「盲點」而解放的可能性，有時很明顯地是與第一位分析師的殘留有關，尤其如果它們是在專業或機構所需之外所進行的。畢竟移情「清除」無疑只是一種精神觀點；正如拉普朗西所說，它指的比較是「移情的移情」，生命、愛情及昇華作用在此實現挹注的開啟。而對於未來的分析師，這種關於高度理想化的緩解只會讓這種關係有利，他們在思考上有大師可作為標竿。

然後犧牲也在分析師的反移情結果中被認出。在詮釋進行時177 可能也有迫害和處罰的意涵。[12] 在這種意圖支配下，佛洛伊德被指責[13]在病人身上的夢研究中繼續著「孩童應該被犧牲」的「解釋祭司」工作。為滿足解釋萬能所必要的理論知識，確實會令人想起圍捕受害者的殘暴父親及祭司。

但是面對這些有點過度解釋的情形，一種完全對立的態度，

12　參考史奈德（M. Schneider）〈犧牲的詮釋〉，見《佛洛伊德研究》（*Etudes freudiennes*, 17-18, 1981, p. 87-107）。

13　*Ibid.*

但也屬於同樣專制的權力，是自限於無法得知的「無知識」（non-savoir），並逃避解釋或予以無限展延。這種處境建立在分析關係的受虐成分上，並且往往激起理想化的移情。

這些極端態度近似在別人身上投射自己的瘋狂，這活躍的核心，無論被察覺與否，按賽爾（H. Searles）的說法，是努力使別人瘋狂。它同時指涉到被分析者和分析師。犧牲的運作是目標明確但以無意識的手段，促使別人成為受害者。[14]與母親的真實與幻想關係，特別有利於這種投射的條件，在倚賴的關係中，也有相互的、至死方休的關係。在移情與反移情中，這些心理機轉也會浮現，特別強調分身的死亡，一個他者的摧毀。

犧牲在臨床的觀察上終究與閹割（castration）是連結的，以便解決死亡所提出的未知。這三者因此被勾勒出來，它們的關連是治療過程中的重要標記。我們現在可以將它們重新組合。

●死亡是心靈嘗試利用死後仍存在的神話來支配，以及藉由將　178
罪咎感和對應的心理的補償機制加以運作的結果。它是主要賭注、衝突的最後考驗。它所承受的風險是拒絕被奴役狀態，還有倖存者的偉大勝利，儘管危險也最大。我們所喜歡的人死亡，從而陷入哀悼與悲痛，必須花時間來讓心靈癒合。每一次分離（separation）都不免令人想起此事。但是死亡是我們迎面而來挑戰、讓生命亮麗、逃避、隱瞞及遺忘的「未知」；在這些過程中，我們也不自覺地與它並行。在神話散落過程的盡頭，也就是不知名的

14　正如我在〈罪咎感與犧牲〉中所指出的。

178-a　中譯註：在古希臘人心目中，除了十二名主要的以及一些較次要的神祇之外，也崇拜對希臘人而言尚未彰顯其性質的，不知名的神祇。

神祇（l'agnostos theos）。^{178-a}死亡是我們的有限性。

●**犧牲**由於超我的構成，具有完美的社會功能。與死亡相比，它具有一種基本價值，其神話對於建立律法和象徵秩序有所貢獻。以此理由，藉著受虐的昇華作用，使人進入工作及努力的世界，帶著理想魅力，變成實現計畫的樂趣和滿足。

有限性表現在不可超越的未知裡，在我們欲望所面對的界限，在我們知識能力無法跨過的，最為極致的好奇心，以及在一種斷裂，這斷裂分隔了狹義的知識、字詞的世界，以及生命經驗的認識。這種與有限性的交會，就如未知一般，卻也是超越受現實影響的動力。為了有所進展，限制與界限必須被清楚地覺察。這種欲望和律法的盤根錯節，正如拉岡所表明，有相互啟發的作用。律法同時給未知一種權力，也產生了精神官能症的限制，以及產生為症狀的潛抑。這種交替出現，無論失敗或超越，都和我們的為死存在（être-pour-la-mort）緊密關連。

●**閹割**讓佛洛伊德的洞察力，導出來自於性與死亡之間關連的
179　所有後果。性的欲望（désir）一點也沒有簡化為需求（besoin），它鼓舞著整個肉體和心理生活，它可以忍受最完全的壓抑而無生命危險，但並不是沒有損失，除非它蛻變為精神分析師所觀察到的昇華作用。然而生命及性與死亡有著恆常而又直接的關連。如果驅力無限制地採取行動，就像一種隨意散布的能量，它在對抗其他事物時必定遇到致命阻礙。欲望最後利用有效處理性特質找到特定的行為，置於一個威脅之下，藉著禁止力量，藉著這些力量的增長和嚴峻的律法，與死亡的的律法相接：罪惡於是被說成是致命的。弒父的幻想和亂倫的禁止相對稱。生命的犧牲與帶有閹

割想像事物的性犧牲相呼應，從肉體上來說就是失去陰莖，對於兩性而言，都是被外在和強大的意志所強迫。每個刪減，每個犧牲都可被簡化為這種性的犧牲，如果此舉沒有消滅生命的話。於是根據五種不同的性的理想，[15] 分別對應的未知領域便是：性知識、性別差異、身體、暴力與大寫的他者（l'Autre）。迴返到自己的犧牲，使得精神官能症的潛抑所保持的閹割延續下去，並有使**這種未知泯滅的傾向**。此外，性行為，因為它原本就是出自一種生殖，賦予天地萬物以生命，推動每個「生殖」過程。而**原初場景**仍是無法進入的點，因為無法迴返及自處於性行為的根源，它甚至是每個人類的受孕之處。**神話掩飾了這種未知**：它提供了一個起源敘事。無可避免的犧牲之於這種未知的生命知識，在於它顛倒了既存的事實，也就是讓和生殖相對立的流血的自願犧牲搬上舞台：誕生被殺害孩童所取代。這種大轉變在「死亡及復活」的片段中擁有辯證超越的象徵力量，從肉體生殖轉變為根據精神的系譜和演變。我們因此隨著原初場景到達這個生命及思想的最初中心，基本上是由精神分析來闡明，由此輻射出犧牲神話。

　　這個觀點讓人了解到同性戀使得原初場景的「複製」成為不 180 可能的，即新世代來源變得不可能，這種將「先前」的取消，卻變得更接近一種被確信是不孕的性行為，與在誕生同時也產生一位父親的生物法則相反，父親因此在這個具有象徵地位的法則中被嘲笑。犧牲在此把父親的象徵當作靶子，如果原初場景可以被反覆做的話，父親也就反覆地從原始場景顯露出來。

　　死亡的思想回應著閹割，佛洛伊德一直重申這點。因為閹割

15　這些指示徵象，詳見〈性的理想〉（Idéaux sexuels）一章，收錄於《與未知的關係》。

在基本上是一種對死亡錯覺般的解決方式，就像贖罪犧牲一樣，服膺於一些禁止，但其機制是受潛抑，有待發掘的。

在真實社會中犧牲的出現及其組織，代罪羔羊

在神話、個別或集體的犧牲，以自己或特定人選作為犧牲之間，有種持續的交流發生，這是為了罪咎感同時被加強及被阻止、被控制，也就是說受到補償。個人心理學是以這些社會參照、集體理想而建成的。

犧牲活動在危機期間特別蓬勃發展，當衝突危及領導者的權力時，當新的意識形態開始出現，並且只屬於還無法讓他們的目標成功地佔上風的少數，或是當涉及到推翻一位暴君，或相反地要鞏固其瀕臨動搖的支配時。外界普遍的混亂與內部心理的危機產生共鳴，信心在此退卻，信仰在現實的批評及自私利益的面前崩裂。取得權力，不管激烈或漸進，首先要募集所有能量，然後服從妄想式的要求，利用共同迫害來對抗一個或多個無辜者，使他們犧牲。

181 今天我們知道恐怖主義的現代形式，是資訊工具及媒體的突飛猛進所促成。它力求以不安或恐懼來使社會失衡，或是藉由一個對於駐外使節的行動（在第三世界或被軍事佔領的國家），或是藉由一些手段，以交換擄獲人質及威脅處死以取得獎金、釋放犯人或某些意識形態宣言的勒索為目的。

在這些預期結果和它可能的失敗以外，主要目標是藉由激起罪咎感來促進對於侵略者的認同（identifications aux agresseurs），如果恐怖分子在行動中承擔成為受害者的風險時更是如此。以前

日本人的神風特攻隊，今天伊斯蘭教的聖戰（Djihad）都和死亡，甚至不可避免地和金錢有所牽連。（還有最近在西班牙的亞美尼亞恐怖分子在殺害土耳其人行動成功後的集體自殺。）有一種在擁護者身上散播理想及其肯定，以加強團結的狂熱動機。自相矛盾的是，受害者的**無辜**（除了屬於一個敵對的社群之外）反而鞏固了這共同志業的信仰，因為它以這種代價支持下去，也在歷經過考驗的恐懼中鞏固，更何況侵略者是以自己的生命為賭注（並不一定都是這種情況）。因此捍衛的理由可以說是**神聖的**。我們實在不能忽略這種喚醒意識的效果，伊斯蘭教現在與未來的進展，就像某些在進行爆炸謀殺的猶太復國主義者[181-a]（例如1946年在耶路撒冷大衛王飯店〔Hotel King David〕的謀殺），兩者在這方面是如出一轍的。

　　但是我們也考慮到集體自殺的意圖和後果，它們在一個戰鬥 182
中，面對所向無敵對手而失敗時（例如在馬撒大〔Massada〕），[181-b]
從而證明了一種頑強的理想。這些行動的典範價值，與恐怖分子及神風特攻隊截然相反，不追求垂手可得的勝利，而是希望信念能夠傳達，並不冀望對方團體的完全摧毀，其中的倖存者可作為日後的見證。這種戰術是基督教殉教者的戰術，希望能有來世。

　　但是我再次強調，領導者與犧牲者之間，在他們所構成的社

181-a　中譯註：全名為Irgoun Zvaï Leoumi（IZL），是一鼓吹猶太復國的軍事組織，於1931年成立，以從事祕密移民及暗殺阿拉伯人為主要目標，並反抗英國當時在巴勒斯坦地區的治理。在以色列復國前從事的暴力攻擊事件造成市民慘烈死傷，而在復國後（1948年）被收編為以色列的正規軍隊。

181-b　中譯註：馬撒大（Masada），巴勒斯坦古城，濱死海，易守難攻。西元70年遭受羅馬第十軍團攻擊，馬撒大將領死守不成後，聚於猶太會堂決議全城居民自殺殉國，以色列自此亡國。今日的馬撒大遺址被列入聯合國世界遺產，更成為以色列國家意識與國魂象徵的所在地，是以色列新兵訓練必訪之處。

會中，彼此有強烈的吸引力。領導者是妄想迫害的投射點，符合它所引起的理想化。但一旦理想幻滅後便引發負面效應：以前的任務是將迫害幻想指向外面，指向「敵人」，今後卻將所有攻擊性聚集在自己身上。

弒君就是典型的例子，不論是因為被處決者異乎尋常的重要性，還是因為弒君行為的異乎尋常與獨特。決裂是為了促成一次激進改變，一場革命。路易十六的處死對西方來說，是在民主政治巔沛困頓，迂迴彎曲的道路上遙遠的開端。神權的廢除，與理性及啟蒙理想的參予，是同時並進的，但代價是每個強健的人都隨著總動員的建立，而被動員投入國家的大規模戰爭。舊戲重演，國王的犧牲尾隨著前兩個世紀中大規模的屠殺，而且隨著歷史上最偉大的領導者之一，拿破崙，而散布於整個歐洲。

國王（及領導者）的儀式處死，就像弗萊哲（J. -G. Frazer）所統計，[16]當他們的氣勢衰減或依傳統從某個特定時間起（從八年到甚至僅僅一天），不管有沒有替代人選，一個被宣判死刑的人就可能取代了這個位置，就像在巴比倫（Babylone）發生於數日之間，也正如上帝代表者在阿茲特克（Azteques）的遇刺，始終和死亡及復活的運轉相對應，或是一種更廣泛的革新、生命能量再生的方式，無論是為了死者靈魂、為了自然誕生或是為了繼承者和社群都是如此的。這種觀點還支持了在古代高度尊崇的自殺犧牲的意義（依據弗萊哲舉的漢米卡〔Hamilcar〕將軍的例證〔2,271〕；我們還可附加上蘇格拉底的例子）。

183　　秉持同樣的精神，古代閃米特及地中海世界的眾多犧牲者，

16　《金枝》（*le rameau d'or*, 1900-1915, Robert Laffont, 1983）卷二〈死亡的上帝〉（Le Dieu qui meurt）第9頁；卷三〈代罪羔羊〉（Le bouc émissaire）第405頁。

孩童、兒子被選為受害者，取代了父親（Frazer, 2, 126: 迦太基人、腓尼基人，迦南人，摩押人都有初生的男嬰被焚以作為犧牲的習俗）。在這些操作中不僅必須盡己之所能，在死亡裡找到復活，也要看出「惡」（mal）在生理上或心理上對於代罪羔羊的投射；它指的是國王，無論是暫時或象徵的代替者，也顯示出信徒對其主人關係中的情感兩歧。

然而，這個在現實裡的犧牲過程是針對領導者，對此必須很注意，它不屬於已經結束的過去，當某些情況重新聚集在我們目前社會時也可能會重現。國家領袖可被「弒君」行動所瞄準——例如晚近的美國的總統們。還有在最民主化的國家裡，並非罕見的，以政黨輪替之名，在任的總統被否決，給予象徵的犧牲出現的機會，一隻代罪羔羊滿載著疑懼之惡，因為領導者的正式功能其實就隱含了這種運作。

個人與社會的這些關係之中，無論訴諸犧牲的系統、信仰和宗教為何，精神分析無可避免地，必然和犧牲重現於現實中的條件有關。

在危機期間，**罪咎感、受虐和社會理想**之間的穩定平衡受到干擾。

集體的罪咎感應該被充分加強，讓能擺脫焦慮的有效機制無法運作，以致這罪咎感成為經常性的，起起伏伏而且矇矇矓矓，或者甚至是成為無意識的，但其力量不因此而減損。在等待著**情感的宣洩**時，焦慮的不安全感也隨之強化。

至於**道德**及**行為**上的受虐，則將不愉快和痛苦轉為**自我掌控** 184
的樂趣。罪咎感可能蔓延及於至今尚未浮現的受虐行為。重複行為不再足以維持一種連續性——如同失敗的神經官能症（les

névroses d'échec），[184-a] 用來補償認同障礙所產生的行為。被動狀態的增加因而產生，始終依循著受虐路線，而且增強對領導者的共同依賴，同時能夠反轉成為對代罪羔羊的施虐。

此外，個人的憂鬱及妄想傾向在共同參與中，找到犧牲運作中所衍生的行為，利用這些行為而得到一個「治療」好處。

怨恨幻想（fantasme de haine）原本是被潛抑的，尤其是對領導者與共同理想的的情感兩歧，它們清清楚楚地表現在渲洩（cathartique）作用中。這種現在被引向受害者的怨恨，最初是被固著在理想化父親身上。但是對成人來說，這怨恨還包含和孩童有關的受害者，被他視為對手和繼承者，見證一個已結束的理想的過去或是象徵著從未達到的幸福，但也是不明確的未來持有者，因此並不服從於領導者的指導路線。（這些因素畢竟每每在孩童作為家庭中的受虐者時出現。）代罪羔羊接收到父親和兒子所感受的怨恨，受害者因為他的軟弱、他的邊緣位置，成為每個孩童的代表，承擔世上所有的不幸與罪惡。這種運作中的不公正、傷風敗俗，以反轉的方式，引發強烈的罪咎感，造就了一個以服從領導者及共同理想的信徒同盟，潛抑著謀殺理想化父親的驅力。這種被聚集的怨恨，對後世子孫所衍生的形像中產生了分裂，一方面每個人認同於好的形像，也就是對領導者忠誠不二，另一方面又分擔著代罪犧牲的罪咎感，在（受害者之）增強超我中，涵蓋著最古老的幻想中具有的殘酷性（口腔的性質，施虐的性質，父親以及嚴酷的母親）。

185　　歷史及社會形勢給了領導者的行動一個決定性影響，這些形

184-a 中譯註：法籍分析師拉佛格（René Laforgue），從佛洛伊德1916年〈從精神分析工作中得出的幾種人格〉一文中得到啟發，而描述某些在成功唾手可得之際，卻功虧一簣的人。

勢引導了一些在**現實中的犧牲**，這仍然發生在當代由宗教來掌控集體生活的國家，它們的奠基神話仍可視為模範。在每個一神論的內部，進行宗教裁判的決定是對抗異端分子，所依賴的是短暫的權力；多半而言，這些審判與對抗的影響，和所有人都應該承受的犧牲相較之下，其實是微不足道的。

隨著法國大革命，隨著弒君，犧牲在現實中重新提高它的奠基肇始價值。此後它依然是宗教模式，不僅是由信徒來傳遞，在無神論者身上也仍舊察覺得到，因為它符合祭司司職的相關幻想中的邏輯組織。

宗教無法避免犧牲神話的落實：相反地，驅邪的（apotropaïque）機制、罪咎感的投射及受虐逆轉使得真正的犧牲經常再現，在神話模式中汲取了疏導的方向。

在可以勾勒出可能受害者的面向，正如吉哈爾在他1982年《代罪羔羊》（*Le bouc émissaire*）一書中完整介紹過的，我們會注意到與社會脫節、孤立，正好是某些不尋常的特徵、缺點甚或長處，除此之外，還要加上失敗精神官能症、憂鬱、迫害妄想症的傾向。這些特點不僅對個人有用，對於共同行為也是一樣，顯然，真正的犧牲會對團體造成衝擊。

犧牲的實現是藉著一系列行動來進行。受害者能選擇的有賴於**控訴**，利用輿論所流傳的雜音。**投射作用**的高峰就是用指責別人的不是來擺脫「惡」，是他，是他們，不是我們。我們就這樣**孤立**受害者，從關係、連繫的禁止乃至於抵制，制定不得穿越既定領土的界限，不得執行某些職業，進而驅逐，或在陣營中以柵欄限制。如果孤立是被可能的受害者所自願實行，因為選擇或性格使然，這情形轉為針對受害者，這時集體的棄絕反而是對受害者

186

的必要保護措施。

當涉及到個人時，某些人物的替代有時會被利用。例如，代替一位理想化及被怨恨的領導者，尤其如果戰敗而又無法接近他時，往往就會轉而指定他的其中一位副長官成為受害者。就像弗萊哲所說的某些非洲的王室一樣，陰謀甚至可能使個人終於取得領導地位，即使只是暫時性的或根本微不足道，接著便導致一個政權的崩解。

但是對於維繫一種制度體系根深蒂固的犧牲陰謀來說，它藉由審查、控制、任務、檢查及訴訟來進行，藉以獲得一些招認，一個定罪就是多虧這些，才以直接或間接的驅離、驅逐、一種懲罰或一個死刑（例如在莫斯科訴訟）來完成。

因此犧牲的實現在暗中醞釀之後，會突然以情感泛濫的方式湧現，在此之前，它只不過是擔心、懷疑、潛在怨恨、徘徊於罪咎感邊緣的焦慮、厭惡，以嗜血的狂熱和某些改變的行動，匯集於一個對象，這些行動常是為了領導者或是壯大的王黨，而有崇高的理由，為了要忘卻一切的不合、失序，而締結神聖的同盟。犧牲在此其實是道德上的背叛以及限於形式上禁止謀殺的箴言而已。這種踰越加強了恐懼感，它是神聖事物的另一面。

整個社會都可能製造這種具潛在的犧牲的行為，首先是政治及宗教的，但也是文化的、科學的。焚書的舉動，在這裡讓判定為不祥、被指責是汙穢，或只是單純地被宣布是錯誤的作品，徹底全然消失。精神分析團體本身無法免於「逐出教會」的功能

17　參見畢昂（W. R. Bion），《注意力與詮釋：在團體中以精神分析的方式，對直覺式的了解所進行的科學研究》（*L'attention et l'interprétation. Une approche scientifique de la comprehension intuitive en psychanalyse et dans les groupes*〔1970〕, Payot, 1974, p. 131-144 et p. 205）。

（excommunications）：畢昂（Bion）描述了「體制」（establish-ment）、分析指揮「領導階層」的反動，反抗一種新思想的擾亂迴
響，乃至動員代罪羔羊的怨恨和機制。[17]在法國，拉岡的人格激起
這樣的集體現象，**彼此互相利用**，其犧牲的意涵對於維持及建立
最早的奠基者來說無疑是必需的。

　　針對這種當代的犧牲的描述，我們可以提出反對意見，認為
它同時表現在現實裡，卻又過度渲染了神話模式中精確的意義。
因為各種暴力形式，即使在極其殘酷之下，也無法被如此看待。
恐怖主義的行動，對手無寸鐵的囚犯的謀殺，種族滅絕，在受害
者、其後代，或甚至劊子手的眼裡，這些事件即使有共同明確的
結構，也只有在**事後**（après coup）才具有犧牲的涵義。首先有一
種潛在的犧牲，若非在集體的意識中產生迴響共鳴，否則這種潛
在性只有流產的命運。

　　這第二個時間，若無**記憶**是無法到來的，而記憶就是持續行
動的結果，它在此行動中確認一個**結合新理想的基礎**，而就一個
無辜的受害者而言，記憶確認了一個重新創造的神話，以便在傳
遞的故事中陳述一個起源，**並給予死亡一個可信的意義**，由此可
以建立並支持一種短暫的與精神上的力量，這種死亡意義對此力
量來說是一種威脅，同時又可促成一種集體行動，以便和生長發
育的力量區隔，或是將死亡轉化成永生。

　　因此可以說，今天一如以往，犧牲從一神論承襲來的人物走
進我們的文明，出現在行動落實的過程當中，但和這種傳統相
反，被創立的理想是短暫的，以迎合人們對未來的期待。暴力當
然仍是暴力，而且沒有為了要化解這暴力而化身為集體的犧牲，
它更加根深蒂固並構成一個龐然的廢物堆，賣弄著邪惡的箴言：

「目的決定手段」，據此，對復活的期待，使得一切的死亡都是美好的，被允許的，對於一個期待的復活來說，這裡所有的死亡都是好的。在這些狂熱中，總是會湧現出新的犧牲神話。

188　　我們現在可以在犧牲之中認出一切神話的基礎，象徵秩序以社會契約的方式強制執行，支持並闡明了壓制性驅力的必要性。歷史洪流中的社會運動也經由犧牲人物之間的轉變來進行，若在其中重新找到我們文明裡的宗教模式，也就是一神論，並不令人驚訝，因為這些一神論具有心理—邏輯一致性的好理由，並且被所有人類所共享的幻想形式所決定。

此外，如果承認這些神話人物在社會上有「治療」效果，用來疏導並利用個人的憂鬱和妄想傾向的話，我們便會了解到這種效力，也使得它們重現並且編織當下的歷史事件。

最後，我要說分析工作是由確認出在我們社會中流傳的、活生生的犧牲形像而進行的。它們，根據罪咎感、受虐及施虐的錯綜複雜情結，引導個人的行為舉止。日常生活中，相當多的**個人犧牲**可以由**神話模式**得出，並且在它的原始人物周圍打轉，甚至**以負面的形式**出現。一種張力，甚至一種平衡在驅力的限制之中發展起來，一邊是禁止，另一邊是個人及集體計畫的追求，藉由工作、抗爭和昇華作用，隨著欲望的逐漸發展而另闢蹊徑，直到人類思考中的好奇心，逐步征服「未知」。

然而我們知道，神話和犧牲，如同幻想，從來不會被完全縮減，雖然我們的理性不厭其煩地盡力將它們拆解為它們所遮掩的欲望，與此同時，新的欲望又為它們啟動。

我們的任務是診斷它們在不預期的情況下再現，以便有助於

克服最不幸的結果：精神的奴化。但是，在一個無錯覺幻想的年
代，當經濟意識形態或強勢力量中的犬儒主義佔優勢時，藉由和　189
領導者的緊密關係，而突然出現在政治領域時的現象，則應特別
受到監視。

　　在一個以實用主義為首要價值的社會裡，自戀主義的文化可
能變成無所不在的。讓老年、殘疾的呈現消失，以簡化葬禮的方
式，使死亡這件事被遺忘。為了使無拘束、自由的錯覺顯得完
美，人們終於頌揚暴力。沒有倫理和沒有超我，誘惑人在體制的
安逸舒適之中幻想，其實遵循的是叢林法則，在這裡釋放出一種
所向無敵的萬能感覺。色欲和愛情轉化為時時踰越、貪婪的唯性
主義。

　　自相矛盾的是，這種放縱並不排斥在代罪羔羊典型的身上再
度呈現犧牲，但是以一種更為彌漫的方式，**潛伏的犧牲**服膺著新
型神話中的禁令。

　　在社會秩序方面，國家就像抽象的父親，統治的理想，使每
個無產階級公民，如同被最嚴格的犧牲所壓制的兒子，首要的宰
制，是公民的屈從，這是為了**維護現狀**，或者穩固政治意識形態
使然。

　　此外，是某些最粗野、魔法般的信仰，而非略帶宗教的神祕
信仰，受到唯科學主義的滋養，堅持在知識與未知之間，有一明
確界限（例如：普林斯頓的諾智者〔gnose〕[189-a]，或科多瓦
〔Cordoue〕的研討會[189-b]），它有時在所謂的科幻小說中有進展，

189-a　中譯註：指於1974年由賀蒙・胡伊爾（Raymond Ruyer, 1902-1987）所著的虛構作品《普林
　　　斯頓的諾智者》（*The Gnosis of Princton*），在書中他與一群活躍於美國普林斯頓大學且夢想
　　　創立一種全新的宗教哲學的科學家們進行交流對話，以假亂真的內容曾讓許多讀者誤以為
　　　現實生活中確有其人其事。

有時是在今日氾濫的占星術、通靈論和通靈預知能力方面，陷入迷戀而無法自拔。

當人民似乎從思想、風俗中獲得解放，同時卻又看到新的成年禮儀式的考驗，其犧牲內容是可以認出的。生命的某些階段像暫時過渡的儀式一樣被經歷：在性生活中，青春期和初經都具有一種血淋淋的想像事物，第一次男女關係和失去童貞也一樣，或是流產和成年時遭遇的外科手術；或者是在戰爭時烽火的考驗中面對死亡，或是某些競賽中必須達到好成績所蒙受的風險。

190　　因此在我們目前的文化中，此刻必須考慮到一個犧牲再現，不過是以潛在、慢性的形式，尤其是**被動**的形式，迴返向自己，包含在自戀裡面，獲得的或希望的自由可能自相矛盾地，甚至是以反抗形式，伴隨著沈甸甸地對社會的服從，也可能是伴隨著對**倫理**需要的放棄，又或者是伴隨著由於缺乏批評能力的**精神奴化**，而採信不值一提的信仰，以及由於受到炫耀張揚著希望的影響，相反地，完全沒有了思考的自由。

但是今天，面臨著「失去了所有的參照」，模倣路克·俄須（Luc de Heusch）[190-a]的說法，召喚新神話是被刻意要求的。超現實主義者就因為如此而嚮往「一個新的文藝復興，人類的科學及前衛藝術經驗在此結合，以合成另一個理性與感性兼具的視野。」將對立的事物黏合，對非理性事物與科學進行接合的探索，對超現實主義者是一項興奮的探險，但這嘗試是以停滯不前和誘惑，

189-b　中譯註：科多瓦（Cordoba）位居西班牙的安達魯西亞地區，在中古時期（西元第八到十二世紀）是東西方文明交會的中心。1979年，六十位科學家刻意選擇齊聚於該市，展開五天的會議，探討當代科學與宗教的神祕主義以及與靈性的互動。

190-a　中譯註：俄須（Luc de Heusch, 1927- ）比利時籍紀錄片導演、人類學者，對非洲人情風土熟稔。

毫不遲疑地犧牲了過去的信仰。

也有其他觀點出現，例如在科學研究的內部進行倫理的反省，或是宗教的改革主義，在我看來是很可疑的，因為它要求一種放棄，一種對理性的犧牲，進而承認，舉例來說，認為心理分析可以為猶太教提供一個自由的延伸，如果我們將謀殺摩西視為新神話，又或者如果繼吉哈德之後，以非暴力來說明基督教的（無）犧牲，就足以找回真正的福音啟示，這福音因為好幾世紀的誤入歧途的傳統而變質了。

這正是我們的情況，當理性主義及科學進步隨著先前神話的被棄而匯集，使得我們自問對我們來說原子彈的毀滅性所具有的犧牲意義何在，正如笛卡茲（M. de Diéguez）[190-b]提醒人們的一般。目前人類的摧毀能力是如此地巨大，原子武器的累積如此之多，以致我們無法避免去想到世界末日的大爆炸。犧牲大規模地重新出現，不過是以宗教神話的狂熱門徒來呈現，就像理性必須付出的代價；然而，在當代引人注意的顛覆之中，被威脅的是未來，在現實裡，不像神話所描述的具原創性的運作，如果不是整個星球被毀滅，也將是為數眾多的人不復存在，而倖存的少數人活在悲慘的境遇中，大屠殺的啟動甚至只是偶然，一個單純的錯誤，一個在機器裡無法預期的故障。

或許在這種犧牲所誘導的，是我們藉由其潛在性的存在而潛入現實當中，但是未來，藉由我們此刻犧牲的犧牲（le sacrifice du sacrifice），藉由神話的揭露，浮現了亙古以來堅絕主張一神論的神話。這就是一直被傳統的犧牲所延續的錯覺幻想的犧牲，最終以原子彈的大爆炸為圖像而呈現。如果可以認為是科學導致這樣的

190-b 中譯註：笛卡茲（M. de Diéquez），法國當代哲學家。

轉變，卻仍必須回想起這種演進，這意味著古老神話所保留的記憶，另外，這種科學本身也需要犧牲才能建立，某些災難要能成為儆戒的例子（例如太空梭的爆炸）。

但是科學的發展只能隨著發現未知關係來繼續進行，基本上是在知識所標出的範圍，在此我們會選定減少思想萬能及其幻想錯覺的犧牲。這樣的約束不限於只是憂鬱的順從。相反地，**知的欲望**（戀知癖，或如畢昂所言的K元素）只在這種遭遇中進展，只有在事後才能分離出可理解、可認識的未知和一個不可認識的未知。這種確認、這種經驗具有令人興奮的功效，它重新推動欲望以及知識與真理的探求。因此心理上的犧牲有一種正面的積極能力，表現在揭發真理的進展方面和通往美的表現方面，從而激發了對世界的、存在的特殊性的愛。

從這個未知出發，所有理性的進程，都可以和想像、非理性結合，這不僅發生在科學過程中，也經由一種特殊親合性而發生在藝術中和在推動最實際生活的冥思中。我們的**美學歷程**就這樣進入犧牲交換，有時讓出理性，有時是割捨我們的不合理渴望，同時藉由在這兩個範疇的穿梭，來恢復愛及死亡的奧祕，就像心靈在其原象及在言說所加工製造的一樣。當然我們知道，理想和犧牲的神話一旦有集體的參與就不會消失，但是理性終將加以揭露，並隨著它們的突然出現來了解原動力。愉悅和真理就這樣接合，而未知並沒有因此被錯覺幻想所壓碎。而死亡可能單純地被思想接納，沒有神話及犧牲裝置，也不再有強迫症的病態的反覆思索。而且毫無疑問地，這種明晰性是希臘人很早就看出在愛洛斯（愛神）和邏各斯（理性）兩者的近似，而在其中探索，而精神分析與這進路接合。

後 記

　　這本書在1987年首次發行後再版，證明了它具有當下性。　193
2001年九月在紐約發生的事件，近東的衝突都再度肯定有關犧牲
理想具有持久性的影響，我們也見識到恐怖主義及類似神風特攻
隊的毀滅行動。

　　犧牲神話就像在此以三個一神論為中心來分析一樣，標示出
宗教、政治、文化、當代文明的演進。而且它關係到源自基督教
的人口，高達二十億，或是回教的十億人口（根據2000年一月四
日發行的《世界報》的統計），當面對死亡是無可避免時，這些神
話就始終存在，正如伊斯蘭教的聖戰。

　　當我談到神話，指的並不是寓言，不是傳說，也不是虛構。
而是一個原型，它構成一位領導者、一個理想、一個代罪犧牲
者、一或多個儀式犧牲者以及一些信徒之間的關係，以便藉由共
有的、主動的、和具凝聚力的信仰，來維持社會的聚合。

　　犧牲對於個人和社會具有的迷人重要性，在於必須和死亡做
致命對抗的事實，更精確地說，是對抗死亡的未知。因為犧牲神
話，已透過了世代的傳遞，以超越它為目的，可能在犧牲的行為　194
中，渴望著獲得勝利而忍受伴隨的苦楚，也可能處於抗爭的現
在、當下中，因此是可被見證的，或者是等待著一個俗世中或者
是不朽的未來。犧牲神話因此可以掩飾、隱瞞，甚至抹消死亡的
未知。

　　自佛洛伊德以來的精神分析，致力於揭露支撐著神話的原初

幻想（fantasmes originaires）。在最近的拙著《欲望所及之處》（La portée du désir, PUF, 1998）裡有一篇〈原初幻想及其相關神話〉，該文章中指出了四個組織軸心，從（I）原初場景，生殖；（II）誘惑，啟示；以及與在此所掀起的問題更直接相關的（III）犧牲，閹割；（IV）迴返到娘胎，死亡和不朽。

在臨床方面，和死亡的不同關係被多種面貌所描述，無論是關於虐待暴力或是這暴力倒轉朝向自己的受虐；在精神官能症和在精神病方面都包含了這些結果，而且就像在前面幾頁所提到的，也含括了自戀的組成。

但是這種死亡的經常出現，對於個人及社會，是深植於人類的一種侵略性、一種根本的暴力，根深蒂固在幼年時就有的思想及行動。重要的是，死亡隨著繁複的演化，隨著和他者的關係，和不同的模式，不同的理想，乃至集體的律法，而呈現不同面貌。若僅遵循佛洛伊德提出的死亡驅力，可能和這些不同心理過程所具有的意涵有所偏離。因此有必要在本書所闡述的佛洛伊德的神話中加入死亡的驅力（拙文〈作為神話的死亡驅力〉〔La pulsion de mort en tant que mythe〕也可以在剛才所提到作品《欲望所及之處》中找到）。

而當我談到佛洛伊德神話，這是為了指出作者是如何堅持要表明有關父親或兒子犧牲式的謀殺，所具有的核心與結構的重要性。伊底帕斯的悲劇提供他弒父及亂倫原初幻想的情節；然而重要的是，讓人想起，正如我所做的，伊底帕斯本身是神的受害者，將他推向一個不知道他身世的悲慘命運。在《圖騰與禁忌》裡，佛洛伊德試著指明一個共同的、歷史的、最初的，同時也摧毀了父親的謀殺。而在《摩西這個人與一神教》裡，他提出摩西

因為被猶太人當作外來人而喪命，儘管他將這事件定位於猶太宗教傳統中的父與子的關係。

　　精神分析的運作依循著精神分析師有關死亡的思考，透過暴力及怨恨的幻想，以及因而導致的個人或共同行動，而這些行動經常重現一個犧牲模式。而關於死亡的所有反省思考，遲早都會遭遇到「未知」。

　　在對自身或對他人的毀滅作用當中，這個未知以多種負面的形貌呈現。但是精神分析也顯示出昇華作用依賴著各種理想，它考量了欲望中的未知，從而致力探索以期獲得豐饒成果。因此重要的是，不僅在治療當中觀察未知如何從無意識、回憶及移情關係逐漸顯露的轉化，同時，精神分析師的思考還必須要認出，何者對他來說似乎是無法企及的、無法理解的未知，而不是遵循僵化、無可變更的知識，從而導致了犧牲，應該要在個人的演化和概念形成的過程中，開拓出可以有新發現的領域。

　　這個手段，我最近稱它為**靈性的精神分析**（la psychanalyse en spiritualité）。這詞彙出現在佛洛伊德的《摩西這個人》（*L'homme Moïse*）一書當中，必須被理解為，和神祕祭儀中的傳授無關，而是作為擺脫錯覺幻想的心智活動，在教條主義當道的今日，與這潮流保持距離，不斷質疑探索，以啟發更進一步的研究。

【附錄一】佛洛伊德筆下的摩西

楊明敏

在時局艱難的背景下，佛洛伊德寫的《摩西》三部曲的重點如下：

首先，在〈摩西─埃及人〉（Moïse, un Égyptien）中，佛洛伊德從摩西的名字出發，這名字按希伯來文的解釋，是指從水中救起的小孩，但一位埃及公主依希伯來文來命名拾獲的小孩，這解釋顯然不能令人信服，反倒是埃及文中，附在名字當中的摩西兩字是指小孩的意思，這種解釋較為合理。但是僅以此便推論摩西是個埃及人，還是不具說服力。況且按奧圖·蘭克（Otto Rank）等人，在《英雄的誕生與神話》（*Le mythe de la naissance du héros*）中，分析了建立國家、宗教的偉人傳奇之後，得到一簡單的公式：英雄的傳奇，自出生之前便威脅著位居高位的父親，誕生之後為了躲避父親的殺令不得不藏匿荒野，期間往往被動物豢養長大，日後又克服種種外界的困難，最後取代父親，完成了更艱鉅的使命，成就了至高的榮耀。但被猶太子民所尊崇的摩西，為何沒有這段典型的英雄遭遇呢？佛洛伊德將這「不典型的英雄」，擺在第二部分〈假如摩西是個埃及人〉（Si Moïse fut un Égyptien）這個假設下加以置喙。摩西身為埃及人，卻又引領猶太人出埃及，為何他要這麼做呢？佛洛伊德的臆測如下：摩西不但不是猶太人，而且是位居高位的埃及神職人員，甚至可能是埃及王朝的某位王子。在西元前1350年左右，法老王阿孔那東（Akhenaton,

Aménophis IV）進行宗教改革，由多神教變為一神教。但是，隨著他的駕崩，埃及第十八王朝也跟著壽終正寢，多神教又復歸興盛。摩西是宗教改革過程中的重要助手，隨著法老王之死，他的野心和希望宣告落空，不得不另覓他途。他決定離開故土，建立新的王國，侍奉原先他所大力推行的太陽神教（Aton或Atoum）。為了達到這目的，他找上了寄居於埃及、受歧視的閃族人（Semitique tribe），應許他們自由，引進當時只有埃及人所從事的地方風俗──割禮，作為歸宗獻祭的表示，禁止祭拜神的形象，同時引領他們出埃及，在曠野中漂泊了將近四十年。

最後的第三部分〈摩西，他的子民與一神教〉（Moïse, son peuple et la religion monothéiste），是佛洛伊德最踟躕不決的部分，因為在這段文字中，重點在於猶太人殺了摩西。佛洛伊德根據當時的神學家謝林（Ernst Sellin）的推測，認為猶太人受不了太陽王理性嚴苛的要求，在數年之後，聯手將摩西殺了，推翻了他的信仰。經過兩個世代後，在巴勒斯坦南邊，一盛產水草，名為佳地（Méribat-Cadès）的綠洲，和居住於米底安（Midian，位於巴勒斯坦和阿拉伯西岸的地帶）的部族聯合，這時有一米底安的軍事領袖穩固了這不同部族的結盟，他的地位取代了埃及的摩西，這是第二個摩西。而當地所侍奉的地方神祇耶和華（Yahvé），一個具暴戾性格的火山之神，取代了原先所侍奉的神祇，但某些從埃及的摩西所傳下的習俗仍然保留下來，例如：割禮。然而，第二個摩西在穿過約旦河之前便死了，其後猶太人再進入迦南地（Canaan），此時摩西從埃及所帶來的訓誡，早已被遺忘了。多年後，隨著以色列王朝的興衰，許多先知預言者透過口諭，配合著猶太子民莫名的罪咎感，摩西的訓誡才又逐漸被接受，但耶和華

已替代了原先的神祇，隨之而來的是基督文明的興起。

　　佛洛伊德以精神官能症的形式，特別是強迫性精神官能症（la névrose obsessionelle），在猶太基督文明中，重構雷同的類型。

（節錄自《中外文學》第二十七卷第2期

〈難以書寫的最後一本小說〉一文）

【附錄二】亞伯拉罕獻祭以撒的故事

　　耶和華按著先前的話眷顧撒拉，便照他所說的給撒拉成就。當亞伯拉罕年老的時候，撒拉懷了孕；到神所說的日期，就給亞伯拉罕生了一個兒子。亞伯拉罕給撒拉所生的兒子起名叫以撒。以撒生下來第八日，亞伯拉罕照著神所吩咐的，給以撒行了割禮。他兒子以撒生的時候，亞伯拉罕年一百歲。撒拉說：「神使我喜笑，凡聽見的必與我一同喜笑」；又說：「誰能預先對亞伯拉罕說『撒拉要乳養嬰孩』呢？因為在他年老的時候，我給他生了一個兒子。」

　　孩子漸長，就斷了奶。以撒斷奶的日子，亞伯拉罕設擺豐盛的筵席。

　　當時，撒拉看見埃及人夏甲給亞伯拉罕所生的兒子戲笑，就對亞伯拉罕說：「你把這使女和她兒子趕出去！因為這使女的兒子不可與我的兒子以撒一同承受產業。」亞伯拉罕因他兒子的緣故很憂愁。神對亞伯拉罕說：「你不必為這童子和你的使女憂愁，凡撒拉對你說的話，你都該聽從，因為從以撒生的，才要稱為你的後裔。至於使女的兒子，我也必使他的後裔成立一國，因為他是你所生的。」

　　亞伯拉罕清早起來，拿餅和一皮袋水，給了夏甲，搭在她的肩上，又把孩子交給她，打發她走。夏甲就走了，在別是巴的曠野走迷了路。皮袋的水用盡了，夏甲就把孩子撇在小樹底下，自己走開約有一箭之遠，相對而坐，說：「我不忍見孩子死」，就相

對而坐，放聲大哭。神聽見童子的聲音；神的使者從天上呼叫 夏甲說：「夏甲，你為何這樣呢？不要害怕，神已經聽見童子的聲音了。起來！把童子抱在懷中（懷：原文是手），我必使他的後裔成為大國。」神使夏甲的眼睛明亮，她就看見一口水井，便去將皮袋盛滿了水，給童子喝。神保佑童子，他就漸長，住在曠野，成了弓箭手。他住在巴蘭的曠野；他母親從埃及地給他娶了一個妻子。

當那時候，亞比米勒同他軍長非各對亞伯拉罕說：「凡你所行的事都有神的保佑。我願你如今在這裡指著神對我起誓，不要欺負我與我的兒子，並我的子孫。我怎樣厚待了你，你也要照樣厚待我與你所寄居這地的民。」亞伯拉罕說：「我情願起誓。」

從前，亞比米勒的僕人霸佔了一口水井，亞伯拉罕為這事指責亞比米勒。亞比米勒說：「誰做這事，我不知道，你也沒有告訴我，今日我才聽見了。」亞伯拉罕把羊和牛給了亞比米勒，二人就彼此立約。亞伯拉罕把七隻母羊羔另放在一處。亞比米勒問亞伯拉罕說：「你把這七隻母羊羔另放在一處，是甚麼意思呢？」他說：「你要從我手裡受這七隻母羊羔，作我挖這口井的證據。」所以他給那地方起名叫別是巴（就是盟誓的井的意思），因為他們二人在那裡起了誓。他們在別是巴立了約，亞比米勒就同他軍長非各起身回非利士地去了。亞伯拉罕在別是巴栽上一棵垂絲柳樹，又在那裡求告耶和華——永生神的名。亞伯拉罕在非利士人的地寄居了多日。

這些事以後，神要試驗亞伯拉罕，就呼叫他說：「亞伯拉罕！」他說：「我在這裡。」神說：「你帶著你的兒子，就是你

獨生的兒子，你所愛的以撒，往摩利亞地去，在我所要指示你的山上，把他獻為燔祭。」亞伯拉罕清早起來，備上驢，帶著兩個僕人和他兒子以撒，也劈好了燔祭的柴，就起身往神所指示他的地方去了。到了第三日，亞伯拉罕舉目遠遠地看見那地方。亞伯拉罕對他的僕人說：「你們和驢在此等候，我與童子往那裡去拜一拜，就回到你們這裡來。」亞伯拉罕把燔祭的柴放在他兒子以撒身上，自己手裡拿著火與刀；於是二人同行。以撒對他父親亞伯拉罕說：「父親哪！」亞伯拉罕說：「我兒，我在這裡。」以撒說：「請看，火與柴都有了，但燔祭的羊羔在哪裡呢？」亞伯拉罕說：「我兒，神必自己預備作燔祭的羊羔。」於是二人同行。

他們到了神所指示的地方，亞伯拉罕在那裡築壇，把柴擺好，捆綁他的兒子以撒，放在壇的柴上。亞伯拉罕就伸手拿刀，要殺他的兒子。耶和華的使者從天上呼叫他說：「亞伯拉罕！亞伯拉罕！」他說：「我在這裡。」天使說：「你不可在這童子身上下手。一點不可害他！現在我知道你是敬畏神的了；因為你沒有將你的兒子，就是你獨生的兒子，留下不給我。」亞伯拉罕舉目觀看，不料，有一隻公羊，兩角扣在稠密的小樹中，亞伯拉罕就取了那隻公羊來，獻為燔祭，代替他的兒子。亞伯拉罕給那地方起名叫「耶和華以勒」（就是耶和華必預備的意思），直到今日人還說：「在耶和華的山上必有預備。」

耶和華的使者第二次從天上呼叫亞伯拉罕說：「耶和華說：『你既行了這事，不留下你的兒子，就是你獨生的兒子，我便指著自己起誓說：論福，我必賜大福給你；論子孫，我必叫你的子孫多起來，如同天上的星，海邊的沙。你子孫必得著仇敵的城門，

並且地上萬國都必因你的後裔得福，因為你聽從了我的話。』」於是亞伯拉罕回到他僕人那裡，他們一同起身往別是巴去，亞伯拉罕就住在別是巴。

這事以後，有人告訴亞伯拉罕說：「密迦給你兄弟拿鶴生了幾個兒子，長子是烏斯，他的兄弟是布斯和亞蘭的父親基母利，並基薛、哈瑣、必達、益拉、彼土利（彼土利生利百加）。」這八個人都是密迦給亞伯拉罕的兄弟拿鶴生的。拿鶴的妾名叫流瑪，生了提八、迦含、他轄、和瑪迦。

（《舊約》〈創世紀〉二十一～二十二章）

犧牲：精神分析的指標
Le sacrifice. Repères psychanalytiques

作者—侯碩極（Guy ROSOLATO） 譯者—卓立、楊明敏、謝隆儀
審閱—楊明敏 策劃—王浩威
法國文化部—法國國家圖書中心贊助出版
（ouvrage publié avec le concours du Ministère français chargé de la Culture-Centre National du Livre）

出版者—心靈工坊文化事業股份有限公司
共同出版—財團法人華人心理治療研究發展基金會
發行人—王浩威 諮詢顧問召集人—余德慧
總編輯—王桂花 執行編輯—裘佳慧
內文排版—辰皓國際出版製作有限公司
通訊地址—106台北市信義路四段53巷8號2樓
郵政劃撥—19546215 戶名—心靈工坊文化事業股份有限公司
電話—02）2702-9186 傳真—02）2702-9286
Email—service@psygarden.com.tw 網址—www.psygarden.com.tw

製版‧印刷—彩峰造藝印像股份有限公司
總經銷—大和書報圖書股份有限公司
電話—02）8990-2588 傳真—02）2290-1658
通訊地址—248台北縣五股工業區五工五路2號（五股工業區）
初版一刷—2008年9月
ISBN—978-986-6782-39-8 定價—320元

國家圖書館出版品預行編目資料

犧牲：精神分析的指標／侯碩極（Guy Rosolato）著；卓立、楊明敏、謝隆儀譯.
--初版.--臺北市：心靈工坊文化，華人治療研發基金會, 2008.9.
 面；公分. --（Psychotherapy；23）
譯自：Le sacrifice: repères psychanalytiques
ISBN 978-986-6782-39-8 (平裝)

1.精神分析 2.精神醫學 3.精神分析治療法

175.7   97014190

心靈工坊 PsyGarden 書香家族 讀友卡

感謝您購買心靈工坊的叢書，爲了加強對您的服務，請您詳填本卡，
直接投入郵筒（免貼郵票）或傳眞，我們會珍視您的意見，
並提供您最新的活動訊息，共同以書會友，追求身心靈的創意與成長。

書系編號─PT 23　　　　　書名─《犧牲：精神分析的指標》

姓名　　　　　　　　　　　　是否已加入書香家族？□是 □現在加入

電話 (O)　　　　　　(H)　　　　　　　手機

E-mail　　　　　　　　　生日　　年　　　月　　　日

地址 □□□

服務機構（就讀學校）　　　　　職稱（系所）

您的性別─□1.女 □2.男 □3.其他

婚姻狀況─□1.未婚 □2.已婚 □3.離婚 □4.不婚□5.同志 □6.喪偶 □7.分居

請問您如何得知這本書？
□1.書店 □2.報章雜誌 □3.廣播電視 □4.親友推介 □5.心靈工坊書訊
□6.廣告DM □7.心靈工坊網站 □8.其他網路媒體 □9.其他＿＿＿＿＿＿＿＿

您購買本書的方式？
□1.書店 □2.劃撥郵購 □3.團體訂購 □4.網路訂購 □5.其他＿＿＿＿＿＿＿＿

您對本書的意見？
・封面設計　　□1.須再改進 □2.尚可 □3.滿意 □4.非常滿意
・版面編排　　□1.須再改進 □2.尚可 □3.滿意 □4.非常滿意
・內容　　　　□1.須再改進 □2.尚可 □3.滿意 □4.非常滿意
・文筆／翻譯　□1.須再改進 □2.尚可 □3.滿意 □4.非常滿意
・價格　　　　□1.須再改進 □2.尚可 □3.滿意 □4.非常滿意

您對我們有何建議？

＿＿＿＿＿＿＿＿＿＿＿＿＿＿＿＿＿＿＿＿＿＿＿＿＿＿＿＿＿＿＿＿＿＿

＿＿＿＿＿＿＿＿＿＿＿＿＿＿＿＿＿＿＿＿＿＿＿＿＿＿＿＿＿＿＿＿＿＿

 ▲您的意見，我們將轉貼在心靈工坊網站上，www.psygarden.com.tw

廣 告 回 信
台 北 郵 局 登 記 證
台北廣字第 1143 號
免 貼 郵 票

台北市 106 信義路四段 53 巷 8 號 2 樓
讀者服務組　收

（對折線）

加入心靈工坊書香家族會員
共享知識的盛宴，成長的喜悅

請寄回這張回函卡（免貼郵票），
您就成為心靈工坊的書香家族會員，您將可以——

⊙ 隨時收到新書出版和活動訊息

⊙ 獲得各項回饋和優惠方案